消费和谐化
多维评价指数体系构建研究

——基于自媒体调查问卷分析

陶开宇 著

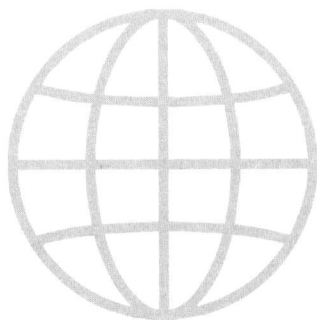

九州出版社
JIUZHOUPRESS

图书在版编目（CIP）数据

消费和谐化多维评价指数体系构建研究：基于自媒体调查问卷分析 / 陶开宇著. -- 北京：九州出版社，2023.1

ISBN 978-7-5225-1245-7

Ⅰ.①消… Ⅱ.①陶… Ⅲ.①消费理论–研究 Ⅳ.①F014.5

中国版本图书馆 CIP 数据核字(2022)第 190558 号

消费和谐化多维评价指数体系构建研究
——基于自媒体调查问卷分析

作　　者　陶开宇　著
责任编辑　陈春玲
出版发行　九州出版社
地　　址　北京市西城区阜外大街甲 35 号(100037)
发行电话　(010)68992190/3/5/6
网　　址　www.jiuzhoupress.com
印　　刷　长沙市精宏印务有限公司
开　　本　710 毫米 × 1000 毫米　16 开
印　　张　16
字　　数　180 千字
版　　次　2023 年 1 月第 1 版
印　　次　2023 年 1 月第 1 次印刷
书　　号　ISBN 978-7-5225-1245-7
定　　价　78.00 元

目　录

引　言 ……………………………………………………………… 001

第一章　绪　论

第一节　消费和谐化多维评价指数体系构建的研究背景意义与方法 … 004

第二节　研究思路与研究框架 ……………………………………… 008

第三节　研究创新之处 ……………………………………………… 013

第二章　相关文献回顾及述评

第一节　消费评价个人维度相关文献 ……………………………… 016

第二节　消费评价经济维度相关文献 ……………………………… 020

第三节 消费评价生态维度相关文献 …………………………………… 024

第四节 消费评价社会维度相关文献 …………………………………… 029

第五节 消费评价综合维度相关文献 …………………………………… 036

第六节 启发与定位 …………………………………………………… 047

第三章 消费和谐化多维评价的相关理论分析

第一节 消费和谐化的基本内涵与主要特征 …………………………… 050

第二节 消费和谐化的多维评价目标 …………………………………… 055

第三节 消费和谐化多维评价的经济学理论基础 ……………………… 060

第四章 消费和谐化多维评价体系研究设计与问卷调查

第一节 多维评价体系设定 …………………………………………… 070

第二节 研究假设说明 ………………………………………………… 073

第三节 实证研究设计 ………………………………………………… 076

第四节 研究数据收集与信效度检验 …………………………………… 082

第五章 消费和谐化多维评价体系的维度相关性效应分析

第一节 单维度相关性效应分析 ………………………………………… 092

第二节 双维度交互效应分析 …………………………………………… 100

第三节 三维度交互效应分析 …………………………………………… 109

第四节 多维度全效应分析 ……………………………………………… 115

第六章 多维评价体系的人口变量调节效应分析

第一节 个人变量调节效应分析 ………………………………………… 122

第二节 家庭变量调节效应分析 ………………………………………… 146

第三节 其他变量调节效应分析 ………………………………………… 162

第七章 多维评价体系的维度优化及结构方程建模指数分析

第一节 主成分筛选优化评价维度 ……………………………………… 182

第二节 维度主成分优化 ………………………………………………… 187

第三节 多维评价总体结构方程构建 …………………………………… 203

第四节　多群组结构方程建模及模型评价 ………………………… 210

第五节　多维评价指数建模求解 …………………………………… 220

第六节　基于指数的消费和谐化评价 ……………………………… 231

第八章　结论与展望

第一节　主要结论 …………………………………………………… 236

第二节　研究与展望 ………………………………………………… 240

参考文献

………………………………………………………………………… 242

引　言

　　本书在大量消费相关文献中确定选题的基本定位，力求以构建多维评价体系来促进消费和谐化进程。在绿色科学消费中突出消费个性化追求，在循环节约消费中寻找消费资源化出路，在生态环保消费中获得消费永续化动力，在合作协同消费中悟出消费分享互助的福利，进而以消费和谐化为引领，将消费的个人效用、经济效率、生态效应、社会效益有机结合起来。

　　构建消费和谐化的多维评价指标具有深厚的理论基石与严谨的经济学机理。以效用理论解读健康安全消费的个人维度，以消费倾向理论支持资源节约消费的经济维度，以正外部性效应理论保障环境友好消费的生态维度，以帕累托最优标准提升互助合作消费的社会维度，由此为提炼消费和谐化的多维评价指标和支持指标奠定了基础。

　　以个人、经济、生态、社会四维度设定消费评价的自变量组，以认知、态度或意愿、行动三维度界定消费和谐化的支持度因变量组，组成自媒体调研问卷，以微信链接等方式随机传播后，采集筛选的真实样本建成的数据库，为构建消费和谐化多维评价体系提供数据保障。

　　在对调研问卷进行信度、效度检验的基础上，采用 Spss 软件对四维度消费评价指标与三维度消费和谐化支持度指标的相关性做了各种单维度主效应、双维度交互效应、三维度交互作用、多维度全效应的研究分析，获得自变量与因变量之间的具体影响关系，检验多维评价指标体系对消费和谐化评价的多重效应。

　　对消费者的背景问题数据做了类别划分，分别从个人层面分析消费和谐化支持度在不同性别、不同年龄段和不同个人收入属性的影响因素，从家庭层面分析不同婚姻状况、不同家庭收入和不同家庭规模对消费和谐化评价的影响因素，从城市、文化、职业等分层数据获得其他评价相关的影响因素信息。

　　为精准构建消费和谐化多维评价指标体系，先运用主成分综合分析法提炼四个主成分，并对消费者各种属性，如性别、年龄、职业、婚姻、文化、城市、收入等分类给予主成分综合评分排名；再以四个主成分因子为基础，用 Amos 软件建构出结构方程模型，并获得广义消费和谐化指数的影响系数与狭义消费和谐化指数的影响系数；进而对总体及分类消费者数据具体计算评分排名比较，得到总体消费和谐化评价信息与细分目标群体相关评价指数信息。

　　结合消费和谐化的总体指数与分类指数，分别从广义评价与狭义评价角度，对于当前我国消费和谐化状况给予具体评价。可以看出消费和谐化的问题和任务还有很多，同时也有很多有规律可循的突破口。比如消费者中女性比男性的消费和谐化程度高；已婚者比未婚的消费群体和谐化程度高；文化程度正向影响到消费者的消费和谐化水平。

　　以总体指数为基础，对于不同属性的消费者群体进行消费和谐化程度的评价，这些结论不只是用于排名比较，还可以为未来的消费趋势提供制定政策和指导实践的决策依据和数据信息。

DI YI ZHANG

第一章

绪　论

第一节　消费和谐化多维评价指数体系构建的研究背景意义与方法

一、研究背景

消费和谐化是消费 4.0 时代的必然选择。日本学者三浦展的《第四消费时代》研究成果显示，消费已经迈过三个阶段，分别是少数中产阶级的消费时代、家庭消费时代、个性化消费时代，现在已经进入共享消费时代，学术界将共享消费或者合作消费纳入消费领域的研究是不争的事实。

早在 2005 年 8 月 24 日，习近平就以笔名"哲欣"在《浙江日报》撰文提出：我们追求人与自然的和谐，经济与社会的和谐，通俗地说，就是既要绿水青山，又要金山银山。[1] 绿水青山可带来金山银山，但金山银山买不到绿水青山。自从党的十八大提出建设美丽中国的倡议以来，习近平总书记多次提到：绿水青山就是金山银山；保护生态环境就是保护生产力，改善生态环境就是发展生产力；绿色是永续发展的必要条件和人

---

[1] 哲欣.绿水青山也是金山银山 [N].浙江日报，2005-8-24.

民对美好生活追求的重要体现。并提出循环利用是转变经济发展模式的要求，全国都应该走这样的路；发展循环经济有利于改善资源效率；扩大有效消费需求、建设资源节约型、环境友好型的两型社会等着力点做起，最终让人们尽快过上幸福而有尊严的生活。毋庸置疑，这些都无一例外地涉及消费和谐化这个基础理论问题。环境友好和资源节约既是消费和谐化的要求和原则，又是消费和谐化的目标和趋势。

二、研究目的与意义

如何推进消费和谐化，首先需要找到一个合适的评价方式，构建一系列科学严谨的评价指标，进行真实有效的测评；其次有理有据地找到影响消费和谐的评价因素和具体问题，并衡量其相关系数和影响方向，以提炼消费和谐化过程中的主要成因；再次以多维评价体系为基础，分类比较不同社会统计人口变量特征的消费市场的共性和特性，为进一步寻找消费和谐化的实现路径提出对策和建议。

以消费评价四维度和消费和谐化支持度的三维度共同建构的多维评价体系，拓展了消费评价的研究内容。消费评价主要集中在对某一消费问题或者一个消费地区或者阶段进行某单一方法的评价。在本书中，将消费评价的维度由个人效用、经济效率等拓展到生态效应和社会效益等，结合了当前消费发展的新形势、新现象，深化了消费和谐化的评价内涵，增强了消费评价的严谨性和务实性，补充了消费经济学的研究范畴，也为相关消费规划的出炉提供了宝贵的决策依据和信息。

本书以真实调研为基础，以现实问题为切入点，对推进消费和谐化有一定的现实意义。消费问题的内涵与外延随着生态经济资源的匮乏、传统模式的失灵而出现新的要求和变化。在消费评价调研结果基础上的结论能反映其中的一定变化规律和影响因素，也能更好地帮助政府制定消费政策，指导企业了解消费者，帮助消费者评价自身消费行为。

三、研究方法

本书综合运用了经济学、管理学、社会学等多学科研究方法。

（一）结合文献研究法和问卷调查法

和谐消费的文献研究范围很广。根据本书的研究目的和需要，通过查阅绿色消费、科学消费、循环消费、节约消费、生态消费、低碳消费、协同消费、可持续消费、消费责任、消费评价及和谐消费等最新文献资料，著者相对全面系统地梳理了消费和谐化问题的发展历史、研究进展，有效挖掘了前沿热点和探索未来绿色消费和谐化趋势。

同时，本书的数据资料都来源于一手问卷调研、资料收集、讲座访谈等。在不断观察、比较、分析、总结、归纳大量消费现象和相关资料的基础上，又多次有目的、有计划、有系统地对试点调研问卷填写过程中的意见和建议进行修正完善，再运用线上线下方法展开广泛的样本采集和数据整理。

（二）结合理论分析与实证分析

一方面，为夯实和谐消费的多维评价理论基础，既运用了文献查阅等界定了消费和谐化基本概念，剖析其内涵，提出主要特征；又从经济学理论框架为消费和谐化四个评价维度的提出提供效用论、效率论、效益论、效果论等相应依据。

另一方面，运用实证分析，采用调研问卷和 Spss 软件和 Amos 软件进行数据分析、主成分筛选和结构方程建模等实证方法，对消费和谐化的不同评价情况进行了各种相关关系分析和具体指数计算。既有研究假设的设计，也有消费和谐化相关影响因素和目标结果之间的因果关系分析，阐明了自变量与某一因变量的本质关系。

（三）结合分类分析与总体分析

以不同社会统计人口变量的消费者群体为微观基础，具体细致地进行分类分析，明确各样本属性的内在规律；也对所有样本进行评价主维度和支持维度的内在关系总体分析。分类分析与总体分析的研究方法不仅落实在研究假设验证上，同时也运用在消费和谐化指数的计算与运用等方面。

（四）结合归纳法和演绎法

既有从个别到总体的归纳法，运用于某个群体、某个城市、某个阶段的消费和谐化现象的普遍化推理，得出一般性的消费和谐化基本规律；又有源于实证数据或者基本结论衍生到其他影响因素的逻辑推导或者未来发展趋势，进而给出更多的研究探索。

第二节　研究思路与研究框架

一、研究思路

全书的研究秉承一个主旨，以消费评价四个主维度和消费和谐化支持的三维度共建一个多维评价体系。借助文献收集整理回顾，寻找到评价消费和谐化的系列学术成果积淀，以此为依据科学界定消费和谐化的基本内涵和主要特征，进而以经济学思维夯实评价的理论基础，再严谨进行研究设计和问卷调查。在符合研究主题所需的前提下再对问卷样本和数据品质进行信度、效度检验，分别从个人、经济、生态、社会四个自变量评价主维度和认知、态度、行动三个因变量支持度维度进行各种相关性检验，得出评价维度与支持维度之间的内在关联性。在此基础上，分类检验不同社会统计人口变量属性的消费者在消费和谐化方面的影响因素和变化规律，为细分未来消费市场提供决策依据。如何将以上研究所得浓缩为主成分因子，并获得具体相关系数。在此就运用到 Spss 的主成分因子分析法，并提炼出四个主成分，它们分别对应着四个主评价维度以便于对比分析研究结论。再运用 Amos 的结构方程建模，剔除四个不成立假设检验对应的小问题，检验通过其中十五个评价小变量与四个分别对应的评价大变量的假设检验，构建评价路径图。以求解获得的四个评价主维度与消费和谐化的回归系数为基础，与评价得分加权求和得到和谐消费广义指数；再将求解十六个评价次维度对应的小变量与四个评价主维度的相关系数取值，与对应的十六个次维度评价得分结合主维度系数分别加权求和，计算出和谐消费狭义指数。依据总体和分类相关指数得分与排序，客观评价当前消费和谐化状况并提出对策检验与研究展望。

本书的研究思路如下：提出构建消费和谐化多维评价的主题定位 →评价消费和谐化的文献综述和理论分析→消费和谐化的评价体系实证设计和数据收集→研究分析评价维度对消费和谐化的直接效应与交互效应（路径设计）→研究分析评价维度对消费和谐化的人口变量调节效应（路径差异）→优化评价维度并提取主成分分子计算分类得分→多群组结构方程建模分析生态维度评价的中介效应及群组差异→主体结构方程建模形成消费和谐化的评价指数→求解广义和狭义和谐消费指数并进行总体和分类评价→研究结论与展望。

二、研究框架

结合研究思路，全书研究框架表述如图 1-1 所示。

```
                        ┌──────────────┐
                        │   提出命题    │
                        └──────────────┘
                               ↓
                    ┌────────────────────────┐
                    │ 国内外相关文献回顾和理论 │
                    └────────────────────────┘
                               ↓
      ┌─────────────────────────────────────────────────────┐
      │  ┌────────┐  ┌────────┐  ┌────────┐  ┌────────┐     │
      │  │个人评价 │  │经济评价 │  │生态评价 │  │社会评价 │     │
      │  └────────┘  └────────┘  └────────┘  └────────┘     │
      └─────────────────────────────────────────────────────┘
                               ↓
  ┌───────────────────────────────────────────────────────────────┐
  │ ┌──────────────────┐ ┌──────────────────┐ ┌──────────────────┐ │
  │ │消费和谐化认知支持 │ │消费和谐化态度支持 │ │消费和谐化行动支持 │ │
  │ └──────────────────┘ └──────────────────┘ └──────────────────┘ │
  └───────────────────────────────────────────────────────────────┘
                               ↓
                    ┌────────────────────────┐
                    │ 构建消费和谐化多维评价体系 │
                    └────────────────────────┘
                               ↓
  ┌───────────────────────────────────────────────────────────────┐
  │ 基于自媒体调研的多维评价体系构建的实证研究                       │
  │   ↓                    ↓                    ↓                   │
  │ ┌──────────┐       ┌──────────┐       ┌──────────┐            │
  │ │评价维度的 │  →   │评价维度人 │   →  │维度优化及 │            │
  │ │直接效应及 │       │口变量的调 │       │结构建模、评│            │
  │ │交互效应分析│       │节效应分析 │       │价指数分析 │            │
  │ └──────────┘       └──────────┘       └──────────┘            │
  └───────────────────────────────────────────────────────────────┘
                               ↓
                        ┌──────────────┐
                        │ 研究结论与展望 │
                        └──────────────┘
```

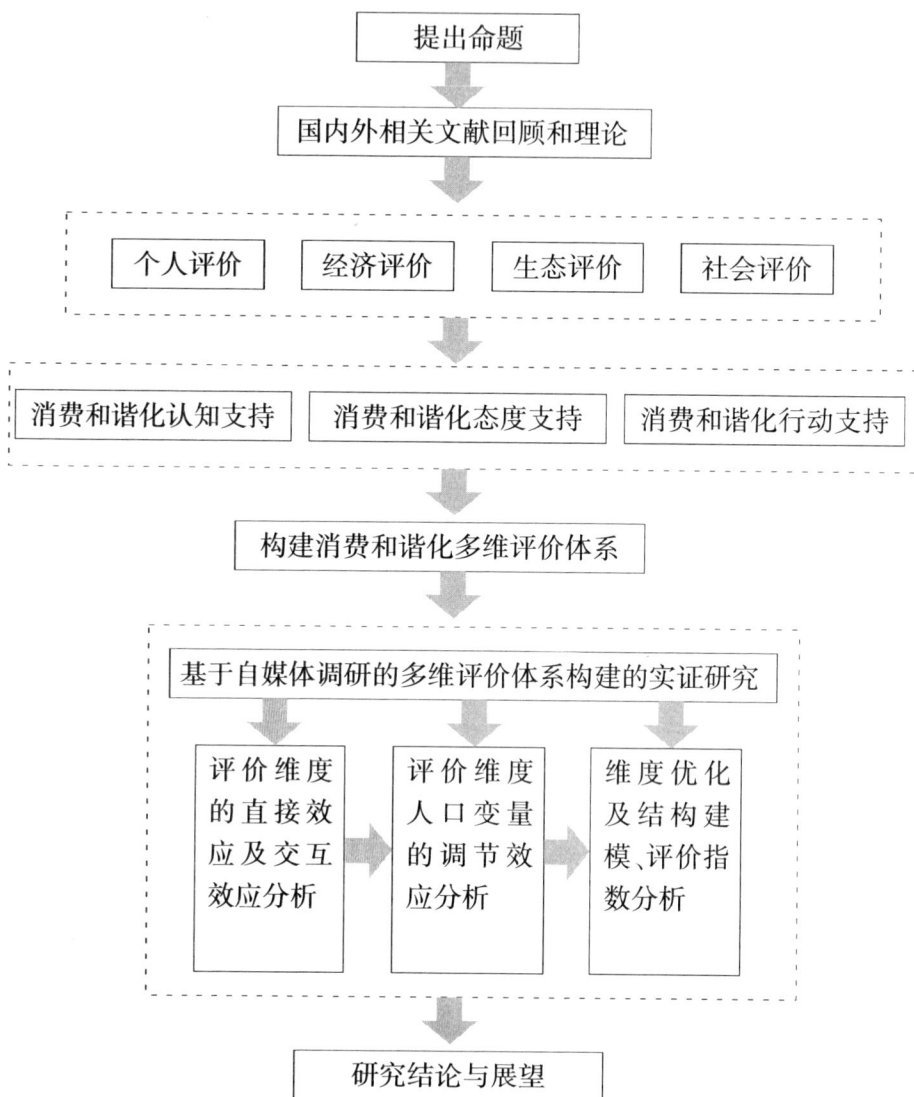

图 1-1 本书研究框架

三、本书结构与主要内容

本书共分为八个章节展开论述。

第一章：绪论。在简单说明写作本书的研究背景、研究目的及研究意义等的基础上，阐述了本书的研究思路与研究方法，并交代了全书的主要研究内容和基本章节构成。

第二章：消费和谐化多维评价相关文献回顾及述评。在与消费和谐化紧密相关的文献中，根据本书选题定位来源的主要文献，分别介绍了与个人效用选择相关的科学消费和绿色消费文献；与经济效率相关的循环消费和节约消费文献；与生态效应相关的低碳消费和生态消费等文献；与社会效益相关的合作消费和可持续消费等文献，也介绍了和谐消费及多维度评价文献的国内外研究现状。在给予消费评价综合维度文献的基础上，对以上文献研究现状进行了述评。

第三章：消费和谐化多维评价的经济学理论分析。先界定了消费和谐化的基本内涵与主要特征，提出消费和谐化的多维评价目标主要是优化个人效用、优化经济效率、优化生态效应和优化社会效益。进而总结消费和谐化多维评价的经济学理论基础是：以效用理论支持个人效用评价、以消费倾向理论支持经济效率评价、以正外部性理论支持生态效应评价、以帕累托最优标准理论支持社会效益评价，为构建消费和谐化多维评价体系提供完备的理论基础。

第四章：消费和谐化多维评价体系的研究设计与问卷调查。以四个自变量评价主维度和二十个评价次维度及三个因变量支持维度共同设定多维度评价体系。以自变量与因变量呈显著正相关提出总体和系列研究假设，并分别进行变量量化界定及调研问卷设计说明，再对问卷收集的样本特征进行分析，对研究数据品质进行信度和效度检验，为下一步实证研究分析提供数据来源。

第五章：消费和谐化多维评价体系的维度相关性效应分析。分别以单维度主效应、双维度交互效应、三维度交互作用和多维度全效应检验方法对个人、经济、生态和社会四个自变量评价主维度及认知、态度、行动三个因变量支持维度进行相关关系分析。对比各种效应检验的实证结果，归纳评价维度的共性规律。

第六章：消费和谐化多维评价体系的社会人口统计变量调节效应分析。本章分别从不同属性变量角度分析了在四个评价主维度与三个支持度维度的回归关系中，人口变量的调节效应差异。本书对应的人口变量分为个人变量即性别、年龄、个人月收入；家庭变量即婚姻状况、家庭月收入和家庭人口规模；其他变量为不同文化程度、职业和城市等。通过归纳不同属性变量对消费和谐化支持度的多维评价调节效应的主要影响，为构建分层和谐消费指数提供实证依据。

第七章：消费和谐化多维评价体系维度优化和结构方程建模指数分析。在本章中，我们对多维评价体系进行主成分因子筛选以优化维度，并尝试构建了消费和谐化多维评价体系的总体和分群组结构方程式，进而利用提取的评价新维度四个主因子和相关系数，计算出总体和谐消费指数和分层和谐消费指数。特别是，根据所取因子和相关系数的来源，可以得出和谐消费广义指数和狭义指数的计算公式。在分层计算出广义指数后，对各人口变量均进行了具体计算并将得分排名整理。在比较总体指数和分层指数的基础上，对当前消费和谐化情况和问题做了简单评价。

第八章：研究结论及展望。

第三节 研究创新之处

一、定位和谐消费内涵和评价目标，归总四个评价维度的文献和理论分析框架

和谐消费是满足消费主体全面发展、经济客体健康运行、生态环境的可持续发展和社会福利更优化的消费模式。消费效用、消费倾向、正外部性、帕累托最优标准理论等支持了评价维度。

二、全面分析了多维评价指数体系与消费和谐化的各种效应

通过回归分析消费评价的个人、经济、生态、社会四个维度对消费和谐化观念认知、态度认可、行动认同三个支持度的直接效应、交互效应，提炼出生态维度最具显著效应，随后对其做了中介效应的分析。

三、建构消费和谐化结构模型并求解和谐消费指数

从主成分分析法入手，将四个主成分实证的结果重新归类到四个优化后新维度，建构总体和分群组结构方程式模型，求解多维评价体系相关系数，分别计算出广义、狭义指数取值，并比较总体和分类指数。

四、评价了消费和谐化状况

以广义消费和谐化指数为例，女性得分更高；已婚者得分更高；消费者年龄越大，个人月收入水平越高，文化程度越高，得分越高。家庭月收入 1 万~2 万元为拐点、3 万~4 万为趋稳定点。家庭规模越大，得分越低。得分由高到低依次对应的职业是政府工作人员、其他职业人员、事业单位人员、企业从业人员、学生及商业或服务业工作者。得分由高到低依次对应的城市是，新一线城市、二线城市、一线城市、其他城市及二三线合并城市群、三线城市的消费者。

五、循序渐进构建多维评价指数体系

提出命题后，展开选择评价维度依据的文献综述和理论分析，在自媒体调查问卷分析基础上，既研究了原维度评价消费和谐化的单维度主效应和多维度交互作用，又研究了人口变量的调节效应，且在主成分优化成新维度后，既有总体结构建模又有分群组结构建模，既有模型评价又有指数评价。

第二章

相关文献回顾及述评

第一节　消费评价个人维度相关文献

一、绿色消费

1988 年公布的《绿色消费指南》[1]提出：一要避免消费可能危害自身或他人健康的产品。比如香烟消费就不符合绿色消费。二要避免消费制造、使用和处理上可能损害环境的产品。例如农药化肥除草剂等种植的农作物，明显是非绿色消费选择。三要避免消费耗能太多的产品。高耗能的电器设备及洗浴一次要几吨水的浴缸自然都被排除在绿色消费之外。四要避免消费因过度包装或生命周期过短而可能导致浪费的产品。使用一次性物品显然正是资源浪费型消费。五要避免消费以濒临绝种的动植物为原材料或使用破坏环境物质材料制造而成的产品。拒绝吃燕窝、松子等动物所需食物也是绿色消费要倡导的做法。六要避免消费目的过于残忍或无需使用的产品。多次

---

[1] Elkington J, Hailes J. *The green consumer guide: from shampoo to champagne - highstreet shopping for a better environment* [M]. London: V. Gollancz, 1988: 21.

被媒体曝光的活取熊胆汁就是挑战人性的选择。七要避免消费不利于其他国家尤其是发展中国家的产品。例如引导发展中国家砍伐森林资源，破坏水土环境的负面消费影响巨大。绿色消费首先提倡适度消费，其次是消费绿色产品，再次是重视精神消费，同时推崇简单生活、轻松生活。绿色消费行为应该看做是消费者在商品的购买、使用和后处理的过程中努力保护生态环境并使消费对环境的负面影响最小化的消费行为。李稚、刘晓云、彭冉[1]认为发展绿色经济能助推经济转型，绿色消费在牵引需求方面的作用值得重视。郭彦[2]分析指出自2010年至今的第三次居民消费升级阶段，消费品质呈持续增强态势，居民消费呈绿色化发展趋势。部分学者对绿色消费在中国的发展现状进行了研究。国合会"绿色转型与可持续社会治理专题政策研究"课题组，任勇、罗姆松、范必、张建宇、俞海、陈刚[3]认为绿色消费对于构建可持续的社会治理体系意义重大，但当前我国的绿色消费仍然面临着诸多问题，在剖析现有问题后，提出推动绿色消费的战略定位和政策建议。李思楠、盛韵颖、陈凯[4]在聚焦中国政策文本的研究基础上，探讨了绿色消费政策的相关变迁历程，将绿色消费政策定位为包括主体、情境、目标、工具四部分，在中国历经萌芽、发展、转型三部曲的政策变迁。绿色消费政策的理念、结构、过

---

[1] 李稚，刘晓云，彭冉.考虑消费者接受度的制造业绿色生产与绿色消费博弈分析［J］.软科学，2021，35（06）：132-138.

[2] 郭彦.以居民消费升级助力双循环新格局构建：现实挑战与对策建议［J］.西南金融，2022，（05）：91-104.

[3] 国合会"绿色转型与可持续社会治理专题政策研究"课题组，任勇，罗姆松，范必，张建宇，俞海，陈刚.绿色消费在推动高质量发展中的作用［J］.中国环境管理，2020，12（01）：24-30.

[4] 李思楠，盛韵颖，陈凯.中国绿色消费政策变迁历程和演进逻辑——基于多个政策文本的扎根理论研究［J］.资源开发与市场，2022，38（04）：413-419.

程均有所演进。周宏春、史作廷①探讨了中国促进绿色低碳消费的新进展,并就相关产品有效需求不足、绿色低碳消费意识薄弱等问题,结合已有的研究观点,分别从不同角度进一步探索了绿色消费。王财玉、郑晓旭、余秋婷、雷雳②从道德的范畴解读绿色消费,认为绿色消费体现了个体社会责任感,具有一定的道德属性。陈烨③基于微观的生活消费视角,对绿色消费的内在要求进行了研究,同时也在宏观的"三新"发展观视域中,对绿色消费的现实指导作用进行解读。安琪④的研究侧重消费行为的外部性作用,即他人行为和外部环境的变化,以计划行为理论为基础,剖析居民绿色消费行为的形成动机。杨东胜⑤从低碳转型的视角对绿色消费做了政策和对策等方面的探索。2022年,国家发展改革委等七部委统一发布《促进绿色消费实施方案》,深度完善绿色消费政策机制,全面促进绿色消费重点领域转型,强化绿色消费科技和服务支撑,建立健全绿色消费保障机制和激励约束机制,以推动绿色消费的实施来促进双碳战略的实现。

二、科学消费

科学消费是指科学发展观在消费领域的全面贯彻和落实。科学消费是消费

①周宏春,史作廷.双碳导向下的绿色消费:内涵、传导机制和对策建议[J].中国科学院院刊,2022,37(02):188-196.

②王财玉,郑晓旭,余秋婷,雷雳.绿色消费的困境:身份建构抑或环境关心?[J].心理科学进展,2019,27(08):1507-1520.

③陈烨.新阶段、新理念、新格局视域中的绿色消费研究[J].马克思主义哲学,2021(04):68-75.

④安琪."双碳"目标下我国居民绿色消费提升策略探讨[J].商业经济研究,2022(06):62-65.

⑤杨东胜.低碳转型视角下绿色消费构想[J].中国市场,2022(18):16-18.

初期阶段的发展目标,具有共性特征。首先,科学消费应为人本消费。在科学发展观背景下强调科学消费,应该树立以人为本的全面自由发展的消费理念。科学消费观有利于社会进步发展。再次,科学消费应为安全消费。科学消费的实质为安全消费。在可持续发展的前提下,要将科学消费融入生态经济中,不断用科学消费观来转变消费者的消费行为与习惯,以获得长足发展。同时,科学消费应为适度消费。近年来,为破解部分大学生深陷"网贷"的泥潭的困境,徐小曼、黄绿蓝①探讨了大学生存在的超前消费问题,研究网贷视角下科学消费观念的培养,引导大学生适度消费、理性消费。刘军②认为要超越将过度占有物质和无限消费产品作为人生最高目的的消费主义,鼓励合理消费,倡导树立科学消费观。科学消费也是统筹消费,科学消费观有利于人们追求现代文明生活方式。

目前,还有很多与科学消费倡导内涵有所背离的现象,比如过度的时尚消费、面子消费等病态消费,浮夸的情绪消费、网络消费等异化消费。建立在"规模生产、规模消费"基础上的现代生活方式会导致资源枯竭、环境污染、生态失衡,要以马克思主义生态思想加以指导,选择更加安全适度、重精神成长轻物质享受的科学消费方式。例如在购车与购房时选择环保适用的;购物倾向选择资源节约型和环境保护型的商品和服务等。杨金华、姜海英③在对部分群体的超前消费、拜金消费、奢侈消费、庸俗消费现象进行批判的同时,提出理性适度消费、健康安全消费,也就是科学消费才符合人民对于美好生活的向往和追求。

① 徐小曼,黄绿蓝.网贷视角下当代大学生的科学消费观培养研究——以蚌埠市大学城为例[J].现代商贸工业,2019(04):81-82.

② 刘军.超越消费主义,树立科学消费观[J].人民论坛,2019(29):115-117.

③ 杨金华,姜海英.论美好生活视域下的消费主义及其克服路径[J].中共云南省委党校学报,2021,22(03):157-164.

第二节　消费评价经济维度相关文献

一、循环消费

在"碳达峰""碳中和"的双碳目标指引下，绿色循环消费成为最重要的消费选择。吕晓冯[①]提出社会公众要及时转变消费理念，尽早进入绿色、低碳、自然、环保、循环的消费模式中。循环消费的思想可谓贯穿于古今中外的经济发展过程中，先有马克思的节约资源循环消费思想，又有毛泽东、邓小平的勤俭节约思想和江泽民的综合利用资源思想等，将马克思资源节约思想中国化的做法需要发扬光大。十六大以来的党中央领导集体在发展循环经济、推行节约消费等方面提出很多系统要求和具体做法。他们认为，树立节约资源观念、改变资源利用方式、提倡循环节约消费，都是有利于经济发展的有效消费举措。

以日本循环社会建设为例，循环经济与市场经济具有强关联性，市场

---

① 吕晓冯.壮大绿色循环消费 助力碳达峰碳中和[J].资源再生，2021（09）：1.

机制在发展循环经济中同样发挥着决定性作用，循环经济正是经济活动的转型。因此要强化市场看不见的手的职能，有效激励或制约厂商与民众的相关行为，健全相关法制、保障循环经济体系建立。根据 2016 年 6 月 9 日欧洲环境署（EEA）公布的报告《欧洲物资资源高效利用：使用更少，获益更多》，欧洲很多国家在能源、物质资源、垃圾管理和循环经济等方面也采取了积极行动，制定了指导政策。结合日本"减量化、资源化、再利用"3R 行动，在此基础上发展出循环经济的具体做法，资源配置和利用方式，由传统的用后丢弃的路线转型为一用再用的正反馈式流程。也就是说，原来是由产品生产使用后直接转化为废弃物的单一路线，现在更强调产品生命周期完成后又转化为再生资源的互动互惠路线。施慧[①]将循环消费理念，如减少使用资源、重复利用资源、回收和恢复资源等核心思想运用在循环经济的信息和通信技术解决方案中。提出要发挥后发优势、建立循环经济相关法律法规和各项政策；完善市场制度和经济规范制度、激励制度、核算制度等；并建立起协调管理的体制，开展公众宣传教育以提高循环消费意识。

二、节约消费

习近平总书记在主持中央政治局第四十一次集体学习时强调，要加强生态文明宣传教育，强化公民环境意识，推动形成节约适度、绿色低碳、文明健康的生活方式和消费模式，形成全社会共同参与的良好风尚。早在

---

① 施慧.循环经济的信息和通信技术解决方案研究［J］.知识经济，2022，596（03）：14-15.

党的十六届五中全会通过的《中共中央关于制定国民经济和社会发展第十一个五年规划的建议》(以下简称《建议》)中也指出："构建节约型的消费模式。要用节约型的消费理念引导消费方式的变革。要在全社会树立节俭、文明、适度、合理的消费理念，大力倡导节约风尚。随着消费结构升级，高档家电、住房、汽车等成为新的消费热点，要鼓励生产和使用节能节水产品、节能环保型汽车，发展节能省地型建筑。"党的十七大报告同样指出，节约型社会是指在生产、流通、消费诸环节，通过深化改革、调整结构、技术进步、加强管理等手段，动员和激励全社会节约和高效利用各种资源，以尽可能减少资源消耗满足人们不断增长的物质文化需求。之后我国政府一再提到要建立节约型机关、节约型校园，由此可见，我国素来重视倡导节约消费。

根据此《建议》和科学发展观的核心思想，陶开宇[①]认为，节约消费是指在全社会倡导合理适度的消费理念和消费行为，在对资源和环境切实保护的基础上加以合理有效的利用，提高淡水、土地、能源等自然资源和高效节能家电的利用效率，进而使社会消费系统达到以节约为中心的良好状态；在对节约型社会概念做出全面解读的基础上，又深入解析了建设资源节约型社会的科学内涵，认为树立正确消费观念对于保证国富民强、解决资源供需矛盾、传承文化美德和实现整个社会和谐具有重大意义；提出两型社会条件下倡导的消费观念应该崇尚节俭风尚、绿色消费、文明消费、理性消费。吴永杰、周迪[②]以资源节约型社会为研究背景，以大学生消费

---

① 陶开宇. 促进和谐消费问题研究[J]. 中国流通经济, 2009, 23 (09): 63-66.
② 吴永杰, 周迪. 资源节约型社会背景下大学生消费行为趋势及节约意识养成探究[J]. 才智, 2022 (14): 95-98.

行为趋势为研究对象,以节约消费意识养成为研究目标,分析了大学生节约消费的意识和行为,提出加强节约型消费的引导建议和教育主张。邱启文①就节约型消费的宣传教育工作做了探讨。分析了我国当前消费环境存在的问题,提出要建设节约型社会可持续消费模式。

---

① 邱启文.深入宣传贯彻习近平生态文明思想努力开创生态环境宣教工作新局面[J].环境保护,2021,49(22):11-14.

第三节　消费评价生态维度相关文献

一、生态消费

在中国尽早发展生态消费已经逐步由消费经济领域的学者和专家们所倡导。从生态需要、生态环境、生态产业和生态文化四方面，对生态消费的重大意义、具体目标、主要内容和对策建议等做出系统阐述，认为生态消费是人类与自然协调发展、文化与社会文明高速发展匹配等方面的必然选择。滕飞、潘晴雯[1]在揭示美好生活的个人追求和高效发展经济的市场目标可能存在的矛盾后，力求平衡发展与幸福、经济与生态的相互关系。

关于生态消费的内涵和外延、发展中的困境和对策的相关研究，部分学者探讨资源供给约束下的生态消费挑战及解决对应问题的对策与建议，重构一种在生态承载力范围内、实现生态消费品正义公平分享的生态消费

---

① 滕飞，潘晴雯.论新时代生态消费观与美好生活实现［J］.南通大学学报（社会科学版），2019，35（01）：6-13.

模式。他们聚焦于构建生态文明视野下的新型消费模式。生态的特点是要兼顾跨越不同时间和不同空间的资源。生态消费应该是指：不论消费目的、消费过程，消费结果的直接、间接影响都应强调生态绿色宗旨，否则就要尽量减少甚至放弃的消费。生态消费要关注代际传承、关注平等消费、关注生态环境、关注低碳循环。生态消费也强调在消费过程的前期酝酿、中期购买或选择、后期使用或回收利用，都要融入生态理念、付诸生态行动。生态消费新模式定位为全面发展、公平可持续消费，认为以人为本和实现人与自然、人与人的和谐发展是基本原则，提出从中华民族的消费传统文化中寻求发展生态消费的理论来源，建构新生态消费模式。在此原则下构建的新型消费模式要全面发展、公平公正、可持续发展。

在构建生态消费的评价维度和指标体系方面，学者们也从多维度多领域做出研究。薛寒欣[①]从扎根理论分析角度，选出个体心理意识、社会参照规范和制度技术情境三个因素探讨对公众生态消费模式的影响作用和程度，并以新能源汽车的生态消费推广为案例做出政策建议。还有学者从消费水平、消费结构、消费方式、消费规模、消费环境等各方面采用主成分分析法确定指标及权重，对我国部分地区进行了生态发展指数测度，并运用空间自相关法对我国生态消费的演化格局加以实证研究，在此基础上提出相应对策。朱建荣、周严严、张媛、刘飞[②]从消费者环境价值观、消费行为和感知效力等方面做了数据分析，研究结果表现为，消费者利他价值观和生态价值观有利于生态消费；利己价值观一定程度上阻碍了生态消费

---

① 薛寒欣.公众生态消费模式的影响因素和干预政策研究——基于扎根理论的分析框架[J].西安电子科技大学学报（社会科学版），2021，31（03）：20-29.

② 朱建荣，周严严，张媛，刘飞.环境价值观与生态消费行为的关系研究——以消费者感知效力为调节[J].商业经济研究，2019（03）：39-42.

的发展；提升消费者感知效力也能促进生态消费正向发展。王世进、周慧颖[1]也就环境价值观对生态消费行为的影响做了研究，还加入了细化的人口因素等方面，研究结果发现不同社会人口特征的生态消费行为有着显著差异。崔珍珍、李坚飞、王海江[2]就环保知识的累积效应做了生态消费从"知道到做到"的"价值——行动"背离实际的模型评估，一定程度上强调了城市消费者的生态环境感知度。在对发展生态消费达成共识的同时，学者们也就如何构建激励机制做了一定的研究。王佳靖、贾中海[3]认为完善生态消费的价格激励、消费主体激励、消费环境激励、消费金融机制激励等角度入手均有成效。

二、低碳消费

从 21 世纪初开始，低碳消费在中国的研究就一波接一波。有低碳消费运动的推动者提出，对住房、汽车等消费品试行"消费碳票"的约束手段创新，引导微观经济主体形成生态友好型的需求偏好。在此之前，他们对消费者减排温室气体支付意愿的离散选择为主体做了定量研究，分析影响居民支付意愿的各类具体因素。李研、安蕊、王珊珊[4]研究了自我意识

① 王世进，周慧颖.环境价值观影响生态消费行为——基于中介变量的实证检验[J].软科学，2019，33（10）：50-57.

② 崔珍珍，李坚飞，王海江.城市环境质量感知对社区居民生态消费意愿的影响——基于环保知识积累调节的中介效应模型[J].消费经济，2021，37（01）：68-77.

③ 王佳靖，贾中海.新时代背景下生态消费激励机制的构建[J].人民论坛，2019（24）：126-127.

④ 李研，安蕊，王珊珊.自我意识情绪视角下居民低碳消费意愿模型[J].首都经济贸易大学学报，2022，24（03）：89-102.

情绪视角下居民低碳消费意愿模型，发现"内疚感"能促进人们进行更多低碳消费。李璐璐[1]调研的结果表明，社会规范直接影响居民低碳消费行为；行为意向是社会规范和居民低碳消费行为研究过程的中介变量；正确的个体价值观有利于居民遵守社会规范开展低碳消费行为。谭晓丽[2]选择人口特征因素、个人认知因素、环境情景因素等指标，依据公共选择理论，研究了它们影响居民低碳消费意愿和行为的作用机制，进而在此基础上提出政策建议。张敬京、王建玲[3]对江苏省居民低碳消费行为进行实地调研，又以联合分析法处理了实地调研数据，并选择碳标签、低碳息讼费激励政策和信息传播方式三个重要属性排序赋值，进而对优选出的五个低碳消费方案做出预测并就其共同特征给予建议。本文通过综合分析，选择了直接经济激励、实践体验传播和拟人化低碳标签三个较经济实用的激励手段。以上研究对促进低碳消费行为、减少碳排放、落实双碳战略都有一定的理论和实践意义。

薄凡、庄贵阳[4]以公众吃穿用住行等刚性需求领域为切入点，探索了低碳消费对于落实"碳达峰""碳中和"双碳战略的直接和间接减碳的作用机制。并以需求效用理论、外部影响理论、消费行为理论为基础，从硬性管制和软性管理双重政策角度推进低碳消费，包括参与主体、产品规

① 李璐璐.社会规范对居民低碳消费行为的影响机制研究——基于社会认同视角[J].商业经济研究, 2022 (12): 69–72.

② 谭晓丽.公共选择理论视角下居民低碳消费影响因素分析 [J].商业经济研究, 2019 (11): 51–53.

③ 张敬京, 王建玲.居民低碳消费行为及低碳措施偏好联合分析——以江苏省为例 [J].现代管理科学, 2022 (02): 23–31.

④ 薄凡, 庄贵阳."双碳"目标下低碳消费的作用机制和推进政策 [J].北京工业大学学报 (社会科学版), 2022, 22 (01): 70–82.

范、市场培育、宣传教育、消费场景等多方面。刘传哲、任懿①就三十个省市自治区的面板数据进行回归分析，研究结果表明，绿色信贷推动能源低碳消费的效应体现在扩张效应、技术效应和回馈效应。绿色信贷比率与能源消费结构之间存在关联关系和双向格兰杰因果关系，我国提高整体绿色信贷比率有利于优化能源消费结构。

① 刘传哲，任懿.绿色信贷对能源消费结构低碳化的影响研究[J].武汉金融，2019(11)：66-70.

第四节 消费评价社会维度相关文献

一、协同消费

"共享经济"也叫作"协同消费"或"合作消费",最早出现在 1978 年的《美国行为科学家》杂志上。主要运用于汽车等物质服务分享领域。欧盟后来在一份研究"共享经济"的报告也强调:全世界人们共有汽车约 10 亿辆,其中个人独自享用并支配的就有 7.4 亿辆车,约占 74%,类似闲置资源若能被更多人共享,将具有更大的经济效益与社会效益。在对德国消费者的调查数据分析的基础上发现,可以用租用和分享物品来获得更持续消费的力量,也可改变传统模式的一些弊端。人们参与分享的主要动力来自对于改变物品使用频率等获得的可持续动力,而不简单是为了得到回报。所以交易或者租赁价格虽然重要,但是并非唯一动力因素。以租赁以及分享来促进消费品的社会共享,是节约资源、循环利用的现实选择,可以进一步整合利用社会闲置资源。更多专家学者和政策制定者认知并接受共享经济的理念和做法,其根源可能要追溯到 2008 年爆发的金融危机。

因为世界性尤其是美国的金融危机发生后，一直以高消费为荣的人们突然发现，在长期的经济发展中，处于消费社会时代的自己实在买了太多"无用"之物。曾经有资料显示，仅一间房子里，就有大约 3000 美元的闲置物品，即便人们想方设法学习整理术、学习收纳法，依旧浪费大量时间与资源于找东西、存东西等方面。

如何用活用好闲置资源，已经成为全世界思考与亟待解决的迫切问题。早在 2011 年，美国《时代周刊》就将以"合作消费"模式为核心的"共享经济"列入改变世界的十大创意之一。2013 年的德国汉诺威消费电子、信息及通信博览会，作为世界规模最大的 IT 博览会之一，其中心议题选择了"共享经济"。2014 年，英国商务部启动了"如何把英国打造成全球共享经济中心"的独立调查项目。当前产消联盟、共创价值等新产消合一消费模式的出现，有助于企业更好地与消费者合作，更多融合创新并情感依赖，推进市场。分享经济正在颠覆传统消费模式。

中国时兴协同消费，并得到蓬勃发展，与"断舍离"的大趋势有所关联。在大多数老百姓丰衣足食的前提下，如何处置闲置或多余物品和服务，成为大家更多关注的消费问题。在城市公共产品服务领域，政府可以运用市场在资源配置中的作用，更好地补充提升公共责任的效率和效果。曹小春①从协同消费的营销视角做了相关探讨。在互联网技术突飞猛进的基础上，消费者之间的供需调整也有了可能，物品的使用权和所有权有效分离，即时交易的时空成本都有所减低，协同消费有了发展基础。

---

① 曹小春.协同消费的营销视角：内涵、缘起、意蕴[J].河海大学学报（哲学社会科学版），2019，21（03）：46-52.

王千、范文芳①从价值共创角度出发，梳理了协同消费的概念内涵、发展实践、模式构成、创新应用等。依据计划行为理论与理性决策理论，还对协同消费与用户可持续消费行为的关系做了探讨，并研究得出协同消费对可持续性感知具有显著的正向影响；可持续性感知对用户可持续消费行为具有显著的正向影响。刘婷、刘丽、邓淼青②从共享平台企业视角出发，基于信号理论和社会交换理论，探讨平台治理机制、消费者感知风险对消费者参与协同消费意愿的影响，并检验了消费者感知收益的调节作用。杨艳③探讨了居民参与协同消费的内部动机是居民的感知信任、感知有用性、感知易用性等正向因素，也探讨了感知风险对协同消费的抑制作用。居民参与协同消费的外部动机包括效益可取性、社会认同性等因素。这些研究成果都为选用经济维度、社会维度来评价消费和谐化奠定了理论与实证基础。

二、可持续消费

可持续消费是建立在可持续发展框架下的概念。可持续发展的意识可以追溯到 1987 年。在布伦特兰夫人提交给联合国大会的报告——《我们共同的未来》中，虽然没有明确提出可持续消费的概念，却首次将未来的消费定位为既能满足当代人需要，又无碍于后代人的需要。在 1992 年联合国

---

① 王千，范文芳.价值共创视角下协同消费模式及创新探析［J］.管理现代化，2020，40（04）：47-50.

② 刘婷，刘丽，邓淼青.平台治理机制、消费者感知风险对协同消费意愿的影响［J］.商业经济研究，2020（21）：50-52.

③ 杨艳.居民参与协同消费的内外部动机实证研究[J].商业经济研究，2020（20）：59-62.

召开里约热内卢地球峰会，通过了和"环境与发展"相关的《关于环境与发展的里约热内卢宣言》《全球 21 世纪议程》等报告，大家达成了可持续发展的基本共识。这为后续的可持续消费理论研究热潮奠定了政策基础。在 20 世纪 90 年代初，有学者研究发现，发达国家当时的消费模式不可持续，更不能普及，因为这样的结果会让地球超载，无法正常运转。联合国环境署（1994）在《可持续消费的政策因素》报告中将可持续消费界定为"为提高人们当前和未来生活福利，所提供的产品和服务要尽量少使用生态资源，避免使用污染或者有毒的材料，同时减少使用过程和后期的废弃物及污染物"。这个概念也在挪威 1994 年召开的"可持续消费专题研讨会"上使用。较早在学术领域确定并使用可持续消费概念的几位学者，他们认为可以从进化论角度研究实现可持续消费模式的方法，而不是只依靠提高服务生产效率，虽然后者也一定程度上促进了可持续消费。针对消费主义的危害，要以可持续消费思想和模式来替代传统消费模式。消费者有义务以主动减少消费、选择环保物品等方式来承担消费责任，政府、企业和第三方社会组织都要承担对应的消费责任。曹丹丹、刘清芝、张小丹等[①]介绍了日本循环社会法律框架下的循环再生利用法和绿色采购促进法对促进可持续消费的积极作用。结合日本可持续消费的最新实践活动案例，认为我国可以借鉴建立循环再生利用法律法规、深化公共绿色采购评估、发布面向普通消费者产品清单、建立消费者发声通道、提升消费者意识、促进消费者导向管理等方面经验推动我国绿色消费发展。

可持续消费也逐渐成为公共政策和国家消费战略的重心所在。部分学

---

① 曹丹丹，刘清芝，张小丹 等.日本促进可持续消费经验的启示 [J].中国环境管理，2020，12（01）：66-70.

者对可持续消费做了定性分析。苏芳、范冰洁、宋妮妮、尚海洋[①]在系统梳理可持续消费概念、必备条件以及可持续消费效果评估的基础上，综述了消费与人类福利的关系，研究了水足迹视角下的消费对环境的影响评估。本文系统阐释人类福利、环境影响以及可持续消费模式之间的内在联系后，对可持续消费现状提出几个问题，具体包括缺少有效的"战略指导"和"战略引导"的可持续发展模式实践；缺少系统评价和评估标准的可持续消费状态；缺少个人潜能评价的可持续消费行为；缺少微观层面研究的可持续消费案例和宏观层面研究的可持续消费机制；缺少可持续消费模式与可持续生计的关联机制研究等。以此提出未来可以深入研究的几个方面分别是：明确可持续消费的战略定位；深化对可持续消费的系统评估；构建科学合理的可持续消费评估指标体系；加强个人实践在可持续消费中潜在行为能力的测度；深入研究宏观层面的可持续消费机制和微观层面的可持续消费实践成果；深入研究可持续消费与可持续生计的双赢红利机制。阳镇、许英杰[②]对共享经济背景下部分平台缺乏社会责任带来的可持续性消费风险进行探讨，提出存在以下问题：平台企业的社会责任内容需要明确，社会责任异化问题亟须解决，平台型企业内社会责任治理体系亟待建立；信用环境层面的消费失信行为需要约束，整体信用环境有待改善；消费者权益层面下共享平台内消费者权益有待保障。基于以上问题，提出政府要营造有利于推动可持续消费的法律制度环境；平台型企业需逐步推进共享平台商业生态圈的用户社会责任行为治理，建立基于共益企业

---

① 苏芳，范冰洁，宋妮妮，尚海洋.可持续消费、人类福利与环境影响：进展与问题[J].球环境学报，2020，11（05）：463-474.

② 阳镇，许英杰.共享经济背景下的可持续性消费：范式变迁与推进路径[J].社会科学，2019（07）：43-54.

家精神驱动的可持续商业模式。对于消费者个体层面，则需要培育可持续的消费伦理文化，进而增进共享经济的助推作用，使我国可持续消费向层次更高、消费结构更均衡的方向迈进。

更多学者从定量方面做了细化研究。贺爱忠、刘梦琳[1]基于感知市场影响理论，以价值观—信念—行为理论为整体框架，将感知对消费者影响变量和感知对组织影响变量作为中介变量，采用结构方程模型，构建生态价值观对规范型和自我增强型可持续消费行为影响的链式中介模型。实证结果表明，生态价值观正向影响规范型可持续消费行为和自我增强型可持续消费行为；感知对消费者的影响指标和感知对组织的影响指标，既分别在生态价值观对可持续消费行为的正向影响中发挥部分中介作用，又起链式中介作用；控制欲因素负向调节生态价值观与感知对消费者影响指标的正向作用，但在生态价值观与感知对组织影响指标的正向影响中的调节作用不显著。侯玉娟[2]从人口流动和电子商务两方面检验了农村可持续消费的相关影响。提出促进城乡人口的双向流动、提高农村电子商务的覆盖面和普及度，更有利于发展农村可持续消费。魏山森、梁建芳[3]在对旧衣回收、旧衣改造和旧衣捐赠的百度指数分析的基础上，借助 STL 算法和熵值法做了数据处理和实证研究。研究结果表明：公共卫生事件的发生，一定程度上提升了公众对服装可持续消费的关注度；在后疫情时期，公众更加关注旧衣回收这一可持续行为，旧衣改造及捐赠的关注度均有所下降。根

---

① 贺爱忠，刘梦琳.生态价值观对可持续消费行为的链式中介影响[J].西安交通大学学报（社会科学版），2021，41（01）：61-68.

② 侯玉娟.人口流动与农村消费可持续发展研究——基于电子商务的调节作用[J].商业经济研究，2021（17）：60-63.

③ 魏山森，梁建芳.新冠肺炎疫情对服装可持续消费关注度的影响——基于旧衣回收、旧衣改造和旧衣捐赠的百度指数分析[J].丝绸，2021，58（12）：40-46.

据此变化趋势，要更多促进服装可持续消费行为。池毛毛、潘美钰、晏婉暄[1]在信号理论基础上，对用户生成信号和平台认证信号影响房客可持续消费行为的机制进行了研究，并得出用户评分和评价及优品认证三个指标，都能正向促进客户可持续性消费，且这三个指标之间也有互补效应。这为促进共享经济中消费者的可持续消费行为提供了新思路。全世文[2]从两个维度构建了一个食品可持续消费行为的研究框架，在此基础上，重点讨论了不同学科对食品可持续消费行为动力机制的解释及其对应的引导策略，探讨可持续消费行为的多重动机等。

也有学者对可持续消费的定性定量分析都有所涉及。依赖制度规范、经济刺激、观念教育的既有政策，对"都市中间阶层"推广可持续消费曾经起到一定作用，但目前受边际收益递减规律的影响，政策效应有所下降。"都市中间阶层"因消费偏好的差异、消费动机的不同、消费实践的区别，在不同领域呈现不一样的可持续消费倾向。实证研究结果证实，基础设施和时间及生活节奏的影响因素，在垃圾分类和绿色食品的可持续消费作用上都较有效，但是阶层对于垃圾分类的影响不显著；可持续消费态度对于中间阶层的影响不如中低阶层的可持续消费实践影响显著。因此，结合基础设施的供给侧对可持续消费的制约作用，可以为"都市中间阶层"的垃圾分类活动的消费可持续化提供更多便利条件和更好基础设施，激励政策也可以从强调"教育"和"补贴"转变为强调"供给"。

① 池毛毛，潘美钰，晏婉暄.共享住宿中房客可持续消费行为的形成机制研究——用户生成信号和平台认证信号的交互效应[J].旅游学刊，2020，35（07）：36-48.
② 全世文.食品可持续消费行为：动力机制与引导策略[J].世界农业，2020（06）：25-35.

第五节 消费评价综合维度相关文献

一、多维度理论文献

和谐消费一词具有很鲜明的中国特色，却与当前很多消费名词之间有着一脉相承的渊源。根据本人对于和谐消费的理解和界定，比较相近的文献或理论主要涉及对和谐经济、可持续经济等多方面的研究。可持续发展不仅仅是关于环境、经济或是社会的问题，而且是关系到将所有因素共同实现持久平衡的问题。随着布伦特兰委员会（Brundtland Commission）的出现，可持续发展的受欢迎程度日渐提高，人们对经济与环境结合的兴趣也达到了新的高度，而且，将经济与环境更好的结合是全世界所有政治制定者的主要任务。在此基础上，提出了"ESC"（环境服务费）概念，它的基本含义是将对环境资源的利用与消耗纳入经济进程中进行计算的一种详尽的方式。不少学者还对经济与环境的关系问题进行了研究，包括欧洲中部与东部存在的环境挑战问题，等等。但这些研究结果也体现出一个事实，尽管多个国家为了使经济和环境的利益结合到一起做了很大的努力，但常以失败告终，因为经济与环境这两个组合在公众场合总是扮演着对手的角色。正因为这样，需要新的民众政策促进环境与经济共同发展的目的：首先要鉴别那些既浪费纳税人基金又浪费环境资源的项目，具体建议就是放弃一些没用的东西，并为使用木材等自然资源，确定一个有竞争力的市场价格；第二个建议包含一些为避免或者鼓励自然资源使用的税收或者奖金；最后一个建议就是重写那些对环境与经济都有不良影响的政府制度。此外，还有一种环境性与社会性公正的工具——"邻里协议"。在某些国家，工业产品引起的健康危害与环境危害已经被公开化，而且，对工人的裁员也在上升并且不能得到控制，因而提出了一种新的理念：以邻国协议来鼓励将经济发展与社会福利结合起来共同实现社会性的可持续发展。

在我国，党的十九届五中全会提出"推动绿色发展，促进人与自然和谐共生"，力求促进我国经济社会发展全面绿色转型。其实质就是，通过可持续发展战略的引领、生态文明统筹协调机制的完善、绿色低碳经济的发展加速、资源高效循环利用的常态化、推进人与自然和谐共生的现代化，逐步实现可持续的绿色经济社会，最终把我国建设成为富强民主文明和谐美丽的社会主义现代化强国。为此，要科学认识以绿色发展促进人与自然和谐共生的绿色经济社会建设的核心实质，要清晰准确解读其对应的消费和谐化的价值诉求，要深刻系统探索其多维评价消费和谐的实践路径。

刘会昌[①]探索了在全球经济社会发展不确定性和国内经济发展"双循环"的背景下，突发重大卫生事件对消费和谐化带来的较大冲击和相关影响。通过归纳总结制约我国消费和谐化的主要因素，并论述其表现形式

---

① 刘会昌. "双循环"背景下的和谐消费方向探究[J]. 黑河学刊，2021 (01)：20—22.

后，为促进我国理性和谐化消费趋势提出系列相关对策建议。陈昌盛、许伟、兰宗敏、李承健[1]在研究重大卫生事件发生的过程中，对照了全球主要经济体的消费倾向，得到结论，宏观消费倾向和微观消费倾向均呈先降后升的变化规律，我国宏观消费倾向略呈上升走势，微观消费倾向依旧处于缓慢下降的状态。其中，中等收入阶层的消费倾向下降程度较明显，需要更多分析研究。综合以上结论，我国消费倾向水平和态势基本符合经济发展的阶段要求。扩大消费的主要措施还是要从多方面入手。短期是加强疫情防控成效；中期是保持经济适度增长和稳定发展，增加消费者收入来源和水平；长期或者更长远的方向是，通过培育壮大中等收入阶层，提高自主生育基数，完善配套消费设置。

与和谐消费多维评价相关的定性论述在不同层面也多有涉及。宏观层面的论述立足于经济高质量发展、社会绿色和谐共生等多方面。辛建生、岳宏志[2]从生态环境和谐发展的视角探究了我国经济高质量发展的理论支持，其基本要义包括"四个坚持"，即坚持环境生产力、绿色发展观、城乡绿色一体化的协调发展理论、以人民为中心的人本发展理念。为了更好地保障生态环境和谐可持续发展，既要站好战略高度，又要协同社会力量；既要筑牢生态安全底线，又要扩大中国品牌的绿色影响力。与之同时，将理论与实践相结合的具体落实也很重要。田广，刘虹飞，李洋阔[3]

① 陈昌盛，许伟，兰宗敏，李承健.我国消费倾向的基本特征、发展态势与提升策略[J].管理世界，2021，37（08）：46-58.
② 辛建生，岳宏志.生态环境和谐视角下我国经济高质量发展的可持续性探讨[J].时代经贸，2021，18（02）：24-27.
③ 田广，刘虹飞，李洋阔.宏观经济发展视域下我国消费市场培育发展探析[J].商业经济研究，2021（10）：50-52.

从内生消费驱动国内经济循环发展加速的角度，探讨了新形势下发展我国宏观经济战略问题。在培育消费新市场、提升群体高收入、建设消费新领域等方面提出可行性建议，特别提到要提升农村消费潜力、争取更多贴息贷款，促进农村消费转型升级。

张壮、孙忠悦①以消费方式和城乡建设为例，探究了新时代我国经济生态化发展路径。既要以绿色消费、服务消费、品质消费来促进消费方式生态化。又要以统筹城乡规划布局、整合城乡资源配置、完善城乡生态建设来促进城乡建设绿色化，进而落实消费和谐化目标。

在国内文献中，和谐消费的名词与可持续消费、绿色消费、公平消费、健康消费、安全消费、文明消费等经常混同使用。杨小勇、乔文瑄、杨育②对我国改革开放四十年来的消费关系进行了梳理总结，发现经济体制重大变革对我国消费关系的演变历程有明显影响。在此基础上，归纳了消费水平、消费层次、消费结构、消费方式、消费矛盾等多重消费关系的各阶段发展特色。其中，决定消费关系演变的关键因素是社会再生产其他环节经济关系的演变；决定消费关系演变的直接动力是消费力升级；决定不同群体之间消费关系的是消费者有差别的支付能力；决定不同群体消费方式的是消费者有差异的教育储备；消费关系的未来发展趋势正是绿色和谐消费关系。本文建议，以科技创新来优化和谐消费模式；以收入分配公平来提升和谐消费能力；以改善教育质量来促进和谐消费素养；以完善相关法律法规来创建和谐消费环境。

---

① 张壮，孙忠悦.新时代我国经济生态化发展路径探究——以消费方式和城乡建设为例[J].长春市委党校学报，2019（04）：41-44.

② 杨小勇，乔文瑄，杨育.改革开放40年来我国消费关系演变及其机理研究[J].上海财经大学学报（哲学社会科学版），2019，21（01）：16-27.

马克思在其著作中多次探讨了消费与人的全面发展、人与自然的和谐等问题。在最大限度满足人们的物质、精神和生态环境需要前提下的消费，才能最终促成人的全面、自由、和谐发展。消费是否和谐，直接影响到经济、社会、生态能否可持续发展。谷亚洲[1]探讨了消费主义泛滥带来的生态危机和意识混乱。认为商品符号只是消费载体，在被消费者消费的同时，也将其所承载的意识形态渗透到消费者意识中，甚至带来了消费异化现象。消费和谐化就是要以绿色主流的消费模式，引导人们塑造正确合理的消费理念，强化主流正向意识形态的价值引领作用。针对消费主义带来的社会危机、生态危机乃至人的价值观危机等，更要尽早构建适合我国国情的中国社会主义特色的和谐消费观。同时，也要鼓励社会公众和新闻媒体发挥社会监督和舆论导向的积极作用。何安冉[2]剖析了消费主义盛行带来的符号消费现象。当今不少消费者将消费行为的分层与个人的身份、地位、品格、个性等建构关联性。从某种意义上来看，要破解现代社会中消费与身份、人设的过度链接怪相，才能更好促进共同富裕前景下的和谐消费愿景。倪浩轩、倪浚轩[3]探讨了伴随着互联网经济发展过程中的消费异化现象，如盲目消费、奢侈消费、浮夸消费等，进而积极寻找引领回归有中国社会主义特色的绿色和谐消费文化的对策建议。

---

[1] 谷亚洲.消费主义的危害与对策研究[J].现代商贸工业，2022，43（04）：146-147.

[2] 何安冉.符号消费：现代社会身份建构的方式[J].现代商业，2020（10）：9-10.

[3] 倪浩轩，倪浚轩.互联网经济发展中消费异化现象及对策探讨[J].领导科学论坛，2022（02）：73-76.

二、多维度实证文献

研究和谐消费的实证文献视角多元，既有从宏观层面入手研究消费价格指数、消费者信心指数、消费潜力指数的；也有对于消费结构和产业结构的和谐度加以检验的角度；更有具体到某个省市或者某个领域乃至具体品牌消费者体验度的相关实证研究文献。

从宏观视角来看，有学者选择消费者信心指数为转移变量，进行回归模型分析，探讨消费者信心指数与居民消费价格指数波动的相关性，考察消费者在不同信心状态下对我国物价水平波动的影响状况。研究我国消费价格指数与生产价格指数之间的传导关系，归纳其在不同经济周期的不同阶段及不同企业性质中的变化规律，说明不同时期要以不同的价格指标做完宏观调控尤其是货币政策的制定依据。唐烨[①]运用主成分方法、聚类方法，以 27 个衡量居民消费潜力的三级指标，对 2016—2020 年居民消费潜力进行研究，结果表明我国居民消费潜力呈逐年增加态势，且得出消费潜力分布与地理位置相关，与经济水平挂钩的结论。基于以上相关结论，促进居民消费潜力提升，可以落实在引导和谐消费理念、重视消费群体合作、完善消费制度建设等具体措施方面。

从产业结构与消费和谐度的发展匹配性层面，余红心、赵袁军、陈青祝[②]运用 DEA 方法测度中国居民消费结构与产业结构之间的和谐度，实证

---

① 唐烨.居民消费潜力综合评价指标体系构建及其演变趋势 ［J］.商业经济研究，2022（03）：60-62.

② 余红心，赵袁军，陈青祝.中国居民消费结构与产业结构的和谐性研究 ［J］.区域经济评论，2019（01）：95-100.

结果显示，两者的和谐度呈现波动起伏并有所下降总体态势。运用偏离度分析，又发现居民的居住消费、教育文化娱乐消费和医疗保健消费三项支出与三次产业的和谐度偏离度比较显著。要满足高端消费者的高端产品和服务需求，短期来看，依旧要依赖高端产品及服务的进口扩大来实现；长期来看，可以依托本土供给侧结构性改革来落实。张欣蕾、赵娜、毕富利[1]以和谐理论为基础，选取河北省经济数据为样本，构建和谐消费模型。实证研究结果表明：河北省消费结构与产业结构之间和谐度处于基本达标状态，还需要进行调整。具体到不同消费类别与产业结构的和谐度评估，就各消费项目来说，衣着、居住、日常用品及服务的和谐消费模型验证结果比较显著；医疗保健、交通通信和食品消费的和谐消费模型显著度较低；文教娱乐等服务消费项目的和谐消费模型构建不够理想，还需要进一步调整整合。从新型城镇化进程层面，上创利、李兆鑫[2]选取我国 31 个省市区的面板数据，采用理论与实证相结合的方法对新型城镇化与消费结构的关系进行研究。实证结果表明：我国居民消费结构升级受新型城镇化拉动作用明显，受消费者收入、消费环境与产业结构的影响各不相同。其中，各类型的消费水平均受收入正向影响作用显著；消费环境与消费结构升级的验证关系不太显著；文化教育娱乐的消费水平受产业结构的调整作用较大。新型城镇化能促进居民消费水平正向变化，但受收入、环境、产业结构这三类中间变量的影响也不一致。由此可知，对于和谐消费的评价指标中，应该选择多维角度和多元指标。

---

① 张欣蕾，赵娜，毕富利.河北省消费结构与产业结构的和谐度测定与评价[J].现代商贸工业，2019，40（05）：217-218.

② 上创利，李兆鑫.新型城镇化对居民消费结构的影响实证分析［J].商业经济研究，2021（17）：48-51.

从微观层面，张红凤、黄璐①基于中国家庭收入调查（CHIP）数据和地级市数据，通过最小二乘法和分位数回归方法研究产业结构升级对家庭消费升级的影响及其传导机制。研究发现，产业结构升级对家庭消费水平提高和消费结构升级都有较明显的促进作用。具体来看，家庭文娱教育和交通通信消费支出所占比重受产业结构升级的正向影响度更明显，医疗保健消费支出所占比重与产业结构升级的变化关系则有轻微反向变化。从规律上来看，家庭消费水平的变化受产业结构升级的影响呈先增后降趋势，家庭消费结构的变化则受产业结构升级的影响呈总体上升趋势。对此规律展开的理论机制分析发现，产业结构升级对家庭消费水平提高发挥正向作用的路径主要包括经济发展和家庭收入增长；产业结构升级对家庭消费结构提高的间接作用渠道则归类为互联网发展效应、文化传播效应和健康服务效应。由此得出的总体政策建议是，既要发挥需求侧的牵引有效供给作用，也要发挥资源配置中的市场决定性作用，保障居民消费升级路径便捷顺畅，保障供求作用共同发力，进而完善绿色经济发展新格局。袁宏俊、卢敏欣、李皓②构建了基于高质量发展目标的新零售消费体验评价体系。运用层次分析—熵权法，确立消费体验评价体系的各级指标权重，并整合主观感受和客观评价共同分析得出消费者体验感。研究数据显示，不同城市、不同业态的新零售门店的消费者体验指数不一样。其中，深圳的消费者体验指数第一，北京的消费体验指数最低；特色创新体验项目和商品服务体验项目最能影响到消费者体验感的高低。具体到门店，超级物种比盒

---

① 张红凤，黄璐.产业结构升级与家庭消费升级——基于 CHIP 微观数据的经验分析[J].当代经济科学，2022（06）：1-19.

② 袁宏俊，卢敏欣，李皓.基于高质量发展目标的新零售消费体验评价体系构建[J].哈尔滨师范大学学报（自然科学版），2020，36（04）：74-79.

马生鲜的消费体验指数稍高。在影响消费评价的具体因素方面，白丽①通过检验假设的方式，对电子商务平台中商品定制化程度与消费者评价行为进行回归分析。分析结果表明：商品定制化程度显著正向影响到评价意向，也显著正向影响到评价速度和评价情感倾向。这体现了消费者的消费评价来自个人效用维度、经济维度等，而商品定制化程度并没有显著影响到在线评价的有用性指标，却体现了高卷入度的私人定制产品的意义性评价高于实用性评价。有学者选择北京、上海、广州、武汉、成都和沈阳六个中国城市的消费者样本，对我国消费者责任消费指数做了探讨。以责任消费理论、企业社会责任理论和现实指标为依据，选择社会责任信息关注度、产品购买倾向影响度和责任产品支付意愿三个维度构建了中国责任消费指数。结论认为：中国消费者具有一定责任消费意识，购买责任产品时受企业环境责任影响最大，但支付意愿有限。消费者的责任消费意识还受所处区域、年龄、家庭规模、个人月消费支出等变量的显著影响。

和谐消费的实证重心开始更多地落在食品安全领域。食品安全事件频发暴露了消费不和谐的某些现象，关注食品安全重大事件，才能更好地促进和谐消费落在实处。刘伟②就当前食品安全问题与消费和谐问题做了适度阐述，并明确，食品安全认证政策直接关系着食品安全规范问题，如何将食品安全的每一关把好也是消费和谐化要害所在。保障了食品安全，才更有利于社会和谐发展。有学者在探讨消费者食品安全信任度指数时，发现我国消费者对食品安全的信任度较低，其根源不仅出在食品安全本身的

---

① 白丽.电商平台中商品定制化程度对消费评价行为的影响分析 ［J］.商业经济研究，2021（16）：53-56.

② 刘伟.我国食品安全认证政策的有效性分析——评《我国食品安全认证政策改革路径研究：消费者偏好的视角》［J］.食品安全质量检测学报，2022，13（09）3057-3058.

控制风险方面，也源于食品污染的感知性较差等方面，大部分消费者不够或不能信任食品安全。消费者在购买食品时最关注与食品安全质量相关的信息，却不信任质量认证，更缺乏对食用油、奶制品和生鲜类食品等的信任。对城乡居民消费福利指数开展的研究，通过对比城乡居民消费福利绝对水平和相对水平，分析了城乡居民分项消费福利的变化趋势。研究结果显示：城乡居民消费路径均有优化，但城镇居民消费的优化阶段更超前于农村居民消费优化阶段，且发展速度更快。未来城镇居民以居住和文教娱乐消费为主要发展方向，而农村居民短期消费仍然集中在衣着和交通通信，长期消费将集中在医疗和文教娱乐等方面。许多学者的研究都为促进和谐化消费评价共享了知识智慧。包括采用向量自回归和方差分解等方法，对我国消费者信心指数、消费者满意指数和消费者预期指数等做出系列探讨；为促进和谐化消费，对党的十八届五中全会所提出的创新、协调、绿色、开放、共享五大发展理念中的绿色发展做出指数建模和评价；从物质基础、身心要求及家庭和社会、个人、社交贡献价值等角度构建城镇居民幸福指数评估模型并进行实证检验。研究结论显示：共享评价指标暂时还是以物质基础为主。民众评价是否幸福时更多取决于个人的社会贡献是否高于社会和谐其他方面要素。并在此研究成果基础上，对提升城镇居民幸福感提出了一系列建议。此外，方世南[①]促进我国经济社会发展全面绿色转型，实质上就是要通过深入实施可持续发展战略、完善生态文明领域统筹协调机制、加快推动绿色低碳发展、坚持资源高效利用、建设人与自然和谐共生的现代化，稳步迈向人与自然和谐共生的绿色经济社会，

---

① 方世南.绿色发展：迈向人与自然和谐共生的绿色经济社会［J］.苏州大学学报（哲学社会科学版），2021，42（01）：15-22.

从而顺利地把我国建设成为富强民主文明和谐美丽的社会主义现代化强国。为此，要科学地认识以绿色发展迈向人与自然和谐共生的绿色经济社会的本质要义，清晰地理解其价值诉求，深刻地把握其实践路径。综上所述，和谐消费评价的多维指标有了更多可以选择的理论支撑和现实检验。

第六节　启发与定位

在本书构建消费和谐化的多维评价体系评价维度时，正是受到众多相关文献的启发，理论启发总结如表 2-1 所示：

表 2-1　消费和谐化的多维评价理论依据

和谐消费	关键	初级目标	消费决策	评价维度	理论依据	基本要求	评价效果
科学消费、绿色消费	健康安全	节财（生活资金资源）	生命内在需要	个人效用评价	边际效用递减规律	减量化、绿色化、适度化、科学化	个人效用最大化
循环消费、节约消费	循环节约	节物（生产物质资源）	生命内在需要+生活资源需要	经济效率评价	消费倾向递减规律、利润最大化规律（MR=MC）	再利用再循环再生化资源化	个人效用最大化+经济效率最大化
生态消费、低碳消费	低碳环保	节地（生态自然资源）	生命内在需要+生活资源需要+生态自然承载	生态效应评价	外部效应理论	替代化、无害化、永续化	个人用最大化+经济效率最大化+生态效应最大化

续　表

和谐消费	关键	初级目标	消费决策	评价维度	理论依据	基本要求	评价效果
合作消费、可持续消费	永续共享	节心（社会闲置资源）	生命内在需要+生活资源需要+生态自然承载+生机社交需要	社会效益评价	帕累托最优标准改良规律	互利互惠、合作共赢、永续共享	个人效用最大化+经济效率最大化+生态效应大化+社会效益最大化

由于目前国外经济学界对消费和谐化的研究更多处于关注状态，可以预见未来在解读中国案例时，"和谐消费"等概念将成为人们破解中国经济增长之谜的关键所在。因此本研究将基于自媒体的调研问卷数据来源，借助 Spss 软件和 Amos 软件，从以下几个方面开展研究工作。

一、界定消费和谐化的经济学概念，并解析其四个评价维度相关的理论基础。

二、基于调研数据，对消费评价的个人、经济、生态、社会四个维度和消费和谐化的认知、态度、行动三方面进行相关性分析，检验四个消费评价维度对三个支持度因变量是否具有正向显著相关性。

三、根据社会统计人口变量分类，进一步分类检验不同消费群体的四个消费评价维度与三个支持度之间的相关性是否为显著正向变化。

四、以 Spss 的主成分分析法为基础确定评价消费和谐化的四个维度的内部构成，剔除被否定小变量，再以提取的四个主成分为基础，采用 Amos 进行结构方程建模，得到消费和谐化指数的系数并计算具体得分，对消费和谐化的总体状况和分类消费群体消费状况做出评价。

第三章

消费和谐化多维评价的
相关理论分析

第一节 消费和谐化的基本内涵与主要特征

一、对"和谐"和"消费"概念的理解

只有准确把握"和谐"与"消费"的真正含义后，才能正确理解消费和谐化的经济内涵。消费和谐化是党中央十六大提出的构建和谐社会目标在消费领域的具体要求，极具中国特色。对于其内涵的理解应该依据"和谐社会"这一基本概念。和谐在此主要指事物均衡、协调、有序发展的状态。

"消费"作为整体名词，早在 14 世纪就已经存在。但从 18 世纪中期以后，消费已成为资产阶级政治经济学中的专有名词，是一个与"生产"相对而言的中性概念，逐渐被人们接受并广泛运用。至 20 世纪中叶，消费已从一个特有的政治经济学术语转变为一般大众用词。本书仅仅指狭义范畴的生活消费，即人们消费各种生活用品和劳务乃至精神产品以满足生活需要的状态和水平。

依据美国心理学家马斯洛的需要五层次法分类，人们的需要包括生

理、安全、社交、尊重与地位及自我实现的需要。他认为，这五个层次的需要呈金字塔状，在满足度和阶段性方面逐层推进。人们只有实现了低层次的需要后，才能开始追求高层次的需要，这种驱动力的不断升级推进了人类自我进步与自我发展的步伐。消费者正是在这些不同层次需要的驱动下，才会在消费的过程中作出决策，确定是否消费、如何消费以及消费多少商品和劳务等。

满足消费者各层次需要的基本流程是：消费需求一萌芽，驱动了消费欲望，形成了消费动机，带动了消费行为，从而满足消费要求，进而产生新的消费需求。

由此可知，消费行为是一种有目的性、能满足消费需要的行动。消费行为进行的过程，也是消费心理和消费愿望不断得到满足的过程。当找到相应消费品后，就在已寻求的目标下开展满足自身消费需要的消费活动。可见，消费行为的产生和实现建立在消费需要的基础上。当然，消费行为并不是某个时间点的行为，而是一个对前后连贯的消费状态进行系统化的集合。

二、消费和谐化的经济内涵

和谐社会是指社会系统的各部分、各要素处于一种结构协调化、功能最优化状态的社会。消费和谐化是构建和谐社会的应有之义和必然要求。虽然至今对于消费和谐化的定义及内涵，还没有统一的诠释，但对此问题的关注日趋深入和广泛已经是不争的事实。消费和谐化是指一种使消费和与其相关的各种要素相互协调，且效果趋于多方最优化的消费模式。它既指消费主体对应的消费观念，又是一种消费行为。区别于传统意义上的消费概念，消费和谐化更强调消费领域的全面和谐。它是科学发展观在消费领域的集中体现，是能满足消费主体的全面发展、经济客体的健康运行、生态环境的可持续发展及社会福利更优化的消费模式。作为消费和谐化，要全面统筹消费个体效用、经济单位效率、社会系统效益、生态系统效应，要长远兼顾个人、企业、社会与自然的发展需要，要保持社会同一切与自身相关的事物和体系之间的协调融合状态，在让消费主体在获取消费满意度和幸福感的同时，要保证消费的贡献率和可持续性。消费和谐化模式要考虑消费与投资之间的和谐发展、物质与精神的和谐发展、区域之间的和谐发展、不同收入群体之间的和谐发展、人与自然的和谐发展、代际的和谐发展。

三、消费和谐化的主要特征

消费和谐化特征可归纳为低碳循环、公平包容。从自然属性角度而言，低碳消费是消费和谐化的重要基础，循环消费是消费和谐化的重要保障，公平包容则是对消费和谐化模式中人与人的和谐关系之精辟表达。从社会关系层面而言，公平消费是消费和谐化的重要原则，包容消费是消费和谐化的重要归属。

（一）低碳消费是消费和谐化的重要基础

低碳消费是低碳经济的重要构成环节，在实现消费和谐化过程中具有不可替代的重要作用。低碳消费综合了绿色消费、生态消费共有的环保和自然特性，强调消费领域全面实践低碳化这一现代消费要求。一般意义上的绿色消费是以适度节制消费、避免或减少对环境的破坏、崇尚自然和保护生态等为特征的消费；生态消费往往指建立在人与自然、社会统一和谐发展基础上的高层次、现代化、理性化的消费，其消费水平要以自然环境的基本承受力和生态系统的正常演化阶段为限度，其消费方式和内容要与生态系统发展的内在要求相一致。作为消费和谐化的基本前提，低碳消费模式通过现实消费需求引导着低碳生产的方向，同时又通过消费需求在消费市场上的有效实现进一步推动低碳生产的长久发展，进而形成低碳经济整体的良性循环。

（二）循环消费是消费和谐化的重要保障

循环消费主要体现为对节约型消费方式和适度性消费行为的选择，同时体现在可持续发展方面。20 世纪 60 年代，循环经济的概念应运而生。党的十六届五中全会提出倡导循环节约消费，在此文中可以加以借用。现代的循环消费不仅指短期的、绝对的、物质的消费，更强调资源充分利用与有效配置，以实现一种长期的、相对的、全面的社会节约。它体现了集约性、循环性、发展性、整体性等特征，要求人们主动适应生态与社会资源的稀缺性，关注消费的自适性和他适性。循环消费在满足自然环境发展要求的前提下开展消费，以其"变废为宝"的神奇指挥棒保障了消费和谐化的最终实现。

（三）公平消费是消费和谐化的重要原则

公平消费泛包括消费状态的制度公平、机会公平、权利公平、分配公平等，力求消费领域各方面尽可能实现公平。也包括横向消费公平和纵向消费公平，前者主要侧重公共服务均等化，强调各经济主体应享受基本的公共服务，在基本教育、医疗、养老等社会保障领域享用公平待遇；后者强调兼顾代内公平和代际公平，任何人都无权为了自身消费而危及他人的消费，当代人也要兼顾后代人的消费需求，如果忽略消费公平，消费将失去其基本意义。显然，公平消费是消费和谐化的基础，也是社会和谐的基石。

（四）包容消费是消费和谐化的重要归属

包容消费是建立在包容性增长基础上的消费新名词。依据生产发展、生活富裕、生态良好、生计社交的多元视角，实现包容性消费，根本目的是让经济全球化和经济发展成果惠及所有国家和地区、惠及所有人群，在可持续消费中推动人与人、人与社会、人与自然等的协调发展。从某种意义上讲，包容性消费也是对消费和谐化中人性光辉的集中体现，将所有人的消费都考虑在经济社会发展进程中，让大家共同分享社会经济发展的丰富成果，逐步过上幸福富裕的生活。如果说公平消费更侧重关注消费主体和对象的基本公平，那么包容消费更强调消费过程和结果的广义与深化公平。

第二节　消费和谐化的多维评价目标

一、优化个人效用

消费和谐化建立能满足个人全面发展需要的消费趋势。从上文对于消费的分析可以看到，需要是人们进入消费过程的目的所在，而人的全面发展又是人的最终需要，因此消费和谐化首先要满足个人自我成长与全面发展的需要。消费需要是消费者消费的原动力，但现实情况并非如此。20世纪 90 年代以后，消费主义作为一种价值取向和日常实践，开始在我国流行。这种消费主义观念与个人全面发展所体现出来的人之价值是完全背离的。后者是指作为价值创造者的人自身的存在、活动及其成果对人类社会、人类主体所具有的积极意义，而消费主义却把消费作为体现人的价值的标准。总之，消费主义把人的消费欲望同消费需要混同在一起，通过外界的刺激，使消费者陷入消费的恶性循环当中而不能自拔。消费需要和消费欲望最本质的不同是前者受到理性的约束，包括个人理性和社会理性，是有限的需要，而消费欲望是无止境的。因此，实现消费和谐化，必须寻找消费行为与理性需要的平衡点，只有这样才能真正满足个人全面发展的需要。

二、优化经济效率

消费和谐要建立在满足经济健康运行需要的基础上。一方面，消费要促进社会经济生态资源有效配置。在现代社会，资源配置方式基本上分为两类：一是以计划导向为主，实行计划调节，构成计划经济体制；二是以市场导向为主，实行市场调节，形成市场经济体制。而市场导向，说到底是消费需求导向，即消费者对市场的规模、结构、发展和变化状况有着极大的约束力。社会主义市场经济以消费者为主体配置各种经济资源。消费者既可以用货币投票获取自己需要的优质产品，给企业释放选择优质资源生产优质产品与服务的市场信号，进而带动企业将有限的资源配置到有效的生产用途上。由此可见，消费是实现社会资源有效配置的重要依据。另一方面，国民收入的增长依赖于国民消费的增长。虽然拉动国民经济发展的主要因素有三个：消费、投资和出口，但20世纪90年代末的亚洲金融危机已充分说明，在这三个因素中，国内需求才是影响经济发展的最重要因素。消费与经济运行的关系可以用一个简单的例子来解释：如果人们都不消费，工厂就会因为产品销量的减少而缩小生产规模甚至停产，这就会导致部分工人失业；这部分工人由于失业，收入水平降低，而收入水平降低最直接的后果就是消费减少，从而形成了恶性循环，使经济增长缓慢甚至停滞。而从另外一个角度来说，人们过多地随意消费只会造成自然资源的过度消耗与物质的过快更新，资源配置低效化。

三、优化生态效应

消费和谐化是能满足环境可持续发展需要的消费模式。消费对生态环境的影响表现为直接性和间接性。消费本身是能量的转移与转换，在大自然的能量守恒基本定理作用下，消费吸纳的资源能量会影响环境储备或消耗能量，按照热力学的熵增定律解读，物质商品在效用被需求后的实体如果处置不当，可能增加环境的熵值。资源浪费、生态破坏和环境污染都可能来源于人类对物质资源的过度消费和消耗。同时，消费者的消费行为会引导社会资源的流向与使用，尤其是改变生产者的生产行为，进而引导企业制定生产什么产品、生产多少的决策。如果消费者没有理性选择的理念与行动，一味追求高耗能、大浪费的物质消费，那么生产者和经营者必然会大量生产和经营此类产品，从而对环境造成较大影响。

当然，从可持续发展的角度来说，消费和谐化还必须包含消费的代内平衡和代际平衡。例如处于消费链条上端的发达国家在拥有大量资源的同时，又不断将垃圾、废料等物品转移到发展中国家，破坏了在世界范围内的代内平衡。发达国家的人民即便有权利扩大消费、增加支出，也依旧要坚守克勤克俭的原则；发展中国家的人们同样要享有维持基本生存与和谐发展的权利。因为消费的失衡要求失衡的两极都要为之付出沉重的代价，而消费的和谐对和谐的诸方面才是双赢的选择。同时，消费的代际平衡也很重要。当代人要承认并尊重后代人和自己拥有同等的消费权利，在从事消费活动时，要自觉以伦理、教育、法律、政治等和谐指标自我约束，自觉地保护和创造美好的消费环境，自愿地节约和生产丰富的消费资源，为后代人留下足够的消费选择空间和机会。

四、优化社会效益

消费和谐化是能满足社会公众利益需要的消费模式。消费者在一个相对完整的消费过程中，应该同时满足其自身利益与社会公众的利益。消费者的个体利益通常体现为消费者在消费中尽量支付最少的货币以获得最大的个人效用，社会公众的整体利益通常体现在整个社会追求以最少的资源消耗来实现公众整体福利的最大化。这两种利益目标之间既存在着一致性，也存在着不一致性。它们是既矛盾又统一的关系。

从一致性角度看，个人利益与社会公众利益是相互统一并相互促进的。因为无论是从单个消费者还是从整个社会角度而言，其消费过程都是为了以最小的支出来实现最大的效用，这是它们在目标上的一致性；而整个公众的总体利益由千万个消费个体的利益共同构成，这是它们在成分上的一致性；个体消费者在追求个人利益最大化的同时如果能做到兼顾环境保护、经济发展等多方面的社会利益，就自然而然地可以满足社会公众利益的需要，这是它们在内容上的一致性。

从不一致性角度看，单个消费者始终是利己的理性人。他们通常只关心消费的个人成本而非社会成本，从而使得他们在自身获得个人利益的同时可能损害了他人利益，使得整个社会公众利益降低：如在公众场合吸烟导致周围人群被动吸烟，使得周围人群健康受损，对空气清新度的满足程度降低，整个社会也不得不消耗更多的资源运用于医疗、环境等方面以保证公众利益；又比如在著名的"囚徒困境"的博弈中，出现了个人理性思考与集体利益最小的悖论，即个人理性不一定能全面实现集体理性，在消费领域中也有同样的情况。这些典型例子都说明：个人利益与社会公众利益有时候明显存在不统一性。在衡量和判断社会福利情况时有个基本经济标准，即帕累托最优原则。一般认为，符合帕累托最优原则的社会资源配置状况和消费状况才能实现社会公众利益最大化。

帕累托最优状况本身是建立在帕累托改进原则基础上的。传统消费中的帕累托改进原则是指如果资源配置状况发生改变时，个别经济主体状况变化的同时，其他经济主体的状况至少没有变化，则此资源配置状况有改进的余地。通过改善资源配置，实现经济主体的福利，最终促成资源配置状况最优化，即实现了社会公众利益的最大化。在此之中的帕累托最优原则是一个相对概念，对最优的标准有所放宽，即可以将相对较好的选择认定为最优，它并不要求在实现社会福利最优状态时不能减少任何一个消费者自身的利益。帕累托改进原则在此可以被定义为：如果改变既定资源配置状况，在使少数人的福利或部分利益变坏的同时能促使大多数人的福利或大部分利益变好，则此资源配置状况是可以改进的。因此相应的帕累托最优状况可以阐述为：如果没有办法在不减少大部分消费者利益的前提下使社会福利增加更多，则意味着该社会的公众整体消费状况已经达到了最优。这正是消费和谐化所要实现的理想状况。这个目标也说明要达到社会公众消费状况的帕累托最优，部分消费者可以适当牺牲小部分个人福利。总之，消费和谐化的目的，就是要缩小消费中的个人利益与社会利益的不一致性，并促使它们趋于一致，最终尽可能地达到帕累托最优状况。

第三节 消费和谐化多维评价的
经济学理论基础

借用经济学的理论，即效用理论、消费倾向理论、正外部效应理论、帕累托最优理论等均能对消费和谐化进行分析。同时，市场均衡理论、利益最大化理论、帕累托最优理论、博弈理论等也有很好的解释效果。本书主要从前四个理论来解读选择个人、经济、生态、社会四个消费评价维度的理论依据。

一、以效用理论支持个人效用评价

在基数效用理论中，若分别记商品 X_1、X_2 的既定价格为 P_1、P_2，边际效用为 MU_1、MU_2，可以得出在消费者实现效用最大化时，必然满足每元边际效用相等原则，即：

$$(3.1) \quad \frac{MU_1}{P_1} = \frac{MU_2}{P_2}$$

这个简单的公式为消费者作出消费和谐化决策提供了重要的依据，即选择何种商品组合可以实现消费者自身效用最大化，从而推动其尽快实现个人的全面发展。也就是说，只有当人们所消费的商品 X_1、X_2 的最后一单位的每元边际效用水平相等时，才能实现消费结果的最满意化。当然这个结果的完成是在动态调整中追求的静态目标。如果消费者正处于商品 X_1 的每元边际效用水平大于商品 X_2 的每元边际效用水平时，他的理性消费选择应是在增加商品 X_1 的消费数量同时，减少商品 X_2 的消费数量；反之则反。该理论说明消费者出于经济利益最大化的基本考虑，会自觉自愿地向此目标靠近，从而实现消费和谐化的初步要求。但这一理论在现实运用中还存在很多困难，尤其是必然面对两个难以解决的问题：一是如何准确把握效用水平与消费内容。在现实生活中，效用值仅是一个心理评价，具有不可测性，而且很容易受到外界因素如广告宣传的诱导。因此，准确把握效用的满足程度成为实现效用最大化目标的关键所在。二是如何正确评价效用。现实生活中每个消费者由于成长环境、受教育程度等因素的不同，形成了各不相同的效用评价标准。如香烟这一商品的消费对于一个不抽烟的人来说几乎是零效用值，他们甚至因为担心其不利于身体健康，在消费心理上产生反感情绪，此时香烟成为负效用商品，但对于一个有烟瘾的人来说，香烟的消费过程本身能为其带来愉悦和快乐的高度消费满足感，是不可缺少的消费品，具有较高的效用值。这些多元化、差异化的评价系统对于消费和谐化具有不同的指导意义。

二、以消费倾向理论支持经济效率评价

影响消费者决策的因素很多，比如有收入、利率、价格水平、收入分

配等经济性因素和生理状况、消费习惯、道德法律等非经济性因素。在这些因素中，凯恩斯认为最具有决定性的是收入因素。在凯恩斯消费理论中，消费函数表示为：$c=\alpha+\beta y$，其中 c 为消费支出，α 为自发性消费，β 为边际消费倾向（也称 MPC），y 为收入水平（在此消费函数中主要是指可支配收入水平）。因此平均消费倾向（APC，也称消费率）可表示为：

$$(3.2) \quad APC = \frac{c}{y} = \frac{\alpha+\beta y}{y} = \frac{a}{y} + \beta$$

由上式可以看出，平均消费倾向（APC）的变化取决于边际消费倾向（MPC 或 β）的变化趋势。

消费和谐化要求消费能促使经济健康有序地运行，而经济总量指标体系是衡量经济健康运行的重要依据。其中 GDP（国内生产总值）是现在世界通用的经济指标，它衡量总量变化即经济增长的速度及趋势。如前所述，消费是拉动经济增长的重要动力和主要源泉，因此，消费率是影响经济增长的根本性因素。消费率指最终消费占 GDP 的比率，与经济学中的 APC 同义。一般来说，在完整的经济系统中，国民收入主要用于消费和积累。如果消费率偏低，则意味着积累率过高。一旦过多的积累及时转化为投资，则在过度投资的驱动下，经济总量将受乘数效应影响成倍地增加，在经济增长速度迅猛的同时，经济结构存在严重失调，甚至影响到经济增长的有效性与持续性。而当消费率过高时，有效投资被个人消费所挤占，国民收入又会在投资乘数的作用下成倍地下降，甚至导致经济规模不断萎缩与经济质量连续下滑，使经济增长趋势处于举步维艰的状态。因此，确定一个相对合理的消费率是保证经济又好又快地发展的关键步骤。在 GDP 适度的前提下，最终消费数量的多少是影响消费率高低的关键因素之一。

它包括政府消费和居民消费，由近些年最终消费的统计数据可以看到，居民消费在最终消费的构成中一直占有较高比重。从 1978 年到 2005 年，我国居民消费占最终消费的比重一直维持在 75% 左右，最低也有 73.2%。居民消费水平可以由平均消费倾向决定。一般而言，在同等收入总量的约束下，平均消费倾向越高，居民消费量就越大；反之则反。但根据经济学理论，边际量才是决定平均量与总量的决定性因素，可见平均消费倾向又决定于边际消费倾向。由此可见，边际消费倾向的变化直接影响着经济增长。如果边际消费倾向下降，即新增收入中用于新增消费的比例减少，进而总收入用于消费支出的总量减少，即平均消费倾向减少、消费率降低，从而使经济增长速度放缓。同理，过高的边际消费倾向也会影响经济增长态势。

经济的健康运行要求在满足经济健康平稳增长的宏观调控目标之余，还要实现社会投入与产出的平衡目标、消费结构的优化目标，以及市场体系的开拓目标、居民收入分配的公平目标等。从经济学角度来看，这些都是属于社会资源配置的基本表现，在我国社会主义市场经济条件下，社会资源的配置大多通过市场自发实现。只有在市场失灵的前提下，才有必要动用政府这一"看得见的手"进行宏观调控。所以了解建立在边际消费倾向基础上的乘数理论，至关重要。由于存在投资乘数效应，边际消费倾向在资源优化配置的过程中扮演了极其重要的角色，特别是在国家实施宏观经济政策过程中，边际消费倾向发挥了极其核心的作用。以投资乘数为例：

（3.3） $K=1/(1-\triangle C/\triangle Y)=1/(1-\beta)=1/(1-APS)$

上式中 k 为投资乘数，$\triangle C/\triangle Y$（或 β、APC）为边际消费倾向，APS 为边际储蓄倾向。边际消费倾向取值一般小于 1，在此基础上形成的投资乘数取值往往大于 1。根据公式可知，当边际消费倾向减少时，投资乘数的取值也将大幅减少，反之则增加。同时投资乘数又可按其定义表示为：

（3.4） $K=\triangle Y/\triangle I$

综合以上两式可以得出：

（3.5） $\triangle Y=K\cdot\triangle I=\triangle I/(1-\beta)$

这一公式表明，边际消费倾向 β 越大，则投资乘数 K 值越大，增加一定量的投资（$\triangle I$）所带来的国民收入的增加量（$\triangle Y$）也就越多。同时根据奥肯定律可知，当 GDP 每增加 2 个百分点时，失业率会随之下降 1 个百分点，即就业量会随着 GDP 的加速增长而增加，经济社会因此进入高增长、高就业的经济繁荣时期，其良性发展为消费和谐化创造了良好的经济环境和收入基础。

综合以上分析可以看出，边际消费倾向在促使经济健康运行过程中发挥着极其重要的作用。社会的边际消费倾向取决于各消费主体的边际消费倾向。从某种意义上说，如果大多数消费者在收入水平上升时能对增加的消费作出一个恰当的决策，就能合理地提高全社会的总体消费水平，提升整体消费质量，促进经济健康运行。而这个"恰当的决策"正是消费和谐化的第二内容要求所在。

三、以正外部性理论支持生态效应评价

在没有或者不能完全界定产权的情况下，一个经济主体的行为对另一个经济主体的经济利益客观上造成了损失或福利，称之为外部效应。消费的负外部效应可能导致人类生存环境因不当消费受到破坏或负面影响。如假冒伪劣产品的消费、不良嗜好的消费过程等。而消费的正外部效应则表现在经济主体的消费行为收益为外溢性，如教育、文化等的消费。消费者

的经济行为对于社会的总体影响如果是弊大于利，即出现社会收益低于个人收益的经济行为或状态，也可称为负外部效应。

如图 3-1 所示：横轴（Q）表示消费数量，纵轴（C）表示消费支出，MR 表示消费的边际收益，受边际报酬递减规律影响，曲线向右下方倾斜；MSC、MPC 分别为边际社会成本和边际个人成本，曲线向右上方倾斜；MR 分别与 MSC 和 MPC 相交于 E_1、E_0 点。E_0 点时的购买数量是 Q_0，购买成本为 Q_0；E_1 点时的购买量是 Q_1，购买成本为 C_1。显然，Q_0 大于 Q_1，C_0 小于 C_1。在此，消费者按 MR=MPC 原则决定购买量，即消费者的选择在 E_0 点，但社会所需要的消费量应该由 MR=MSC 原则确定，即社会的最优选择量应该为均衡点 E_1 点所对应的 Q_1 数量。负外部性由此显现：消费者仅支付了低于社会成本 C_1 的 C_0 成本（支出），即得到了高于 Q_1 的 Q_0 数量。在这个过程中，消费者享受了社会本不必要也不愿意生产的 Q_0Q_1 数量的物品或劳务，存在市场机制下所无法解决的消费过度问题。相应的问题还有资源的过多消费、环境的过分侵占等不消费和谐化现象的并存。

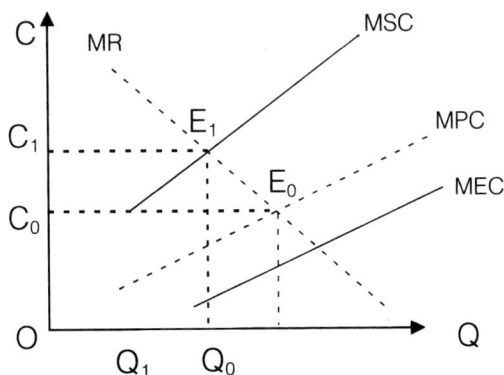

图 3-1　消费的负外部效应

消费的正外部效应也有类似的问题。如图 3-2 所示：即社会希望的消费数量由 MSR =MC 确定，为 Q_1，而消费者在 MPR =MC 原则下确定的消费数量为 Q_0，显然 Q_1 比 Q_0 要多，也可以说，消费者的市场消费行为并没有达到社会所希望实现的数量。因为消费者在过多的个人成本压力下，缺乏持续和足够的消费动力和积极性，少消费了 Q_0Q_1 数量的物品或劳务，这对社会而言必然形成损失，却不是市场机制下可以顺利解决的问题。

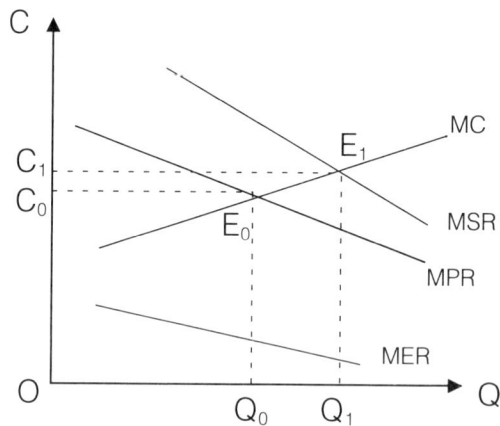

图 3-2 消费的正外部效应

上述分析说明，消费的正、负外部效应均将导致社会消费与消费者个人消费数量的不对等，进而影响社会资源配置效率。如果考虑到消费者或生产者的统治方所拥有经济势力的影响效应及消费与生产方自然存在的互动作用，相应的外部性间接效应可能被放大，甚至演变为与消费和谐化极不吻合的消费不确定性趋势。

四、以帕累托最优标准理论支持社会效益评价

由前可知，消费和谐化是一种协调、持续、健康的消费方式，它的最终目标是实现社会消费的良好模式，即帕累托最优状态。

传统的帕累托最优具有三个方面的内容：交换的帕累托最优，对于任意两种商品消费者 A 与消费者 B 的边际替代率相等，即两个消费者对于商品的评价基本一致，达到了消费的和谐一致；生产的帕累托最优，对于任意两种要素生产者 A 与生产者 B 的边际技术替代率相等，即生产者对于生产要素的评价基本一致，达到了生产的和谐一致；生产和消费的帕累托最优，消费者对商品的边际替代率等于生产者对商品的边际转换率，即消费者和生产者对于商品具有同样的评定，达到了市场交换的和谐。在消费问题中，人们需探讨的是消费者之间以及消费者和生产者之间的帕累托最优条件，但人们发现，由于消费中存在对商品福利评定的不一致性以及消费过程中消费者对于个人成本与社会成本评定之间的差异，若要实现整个社会利益的最大化，满足每一个消费主体的利益是几乎不可能的。

如前文所述，帕累托改进理论存在明显的不足之处。就以对消费影响极大的收入因素为例，假设消费者 A 与消费者 B 构成一个消费群体，通过资源的重新优化配置，使得 A 的收入增加了 10 万，B 的收入减少了 3 万，群体总收入增加了 7 万，我们也应该称之为实现了帕累托最优，因为毕竟总体利益上升了，而传统理论是要求至少其他人的处境没有变坏，这就与帕累托改进理论的初衷相违背。帕累托最优状态的含义应修改为：在群体整体经济利益上升时，就算有小部分人的经济利益绝对受损，也存在帕累托改进余地，即可以通过调整和再分配，从而实现帕累托最优状态。

实际上，站在相对的角度而言，在以上规定的帕累托最优标准指导下，原有资源配置状态仍有改进的余地。还是以消费者 A 与消费者 B 为例，通过资源配置使总收入增加了 20 万，其中 A 的收入增加了 15 万，B 的收入增加了 5 万，A、B 的状况与原有状况相比都变好了，这么看这种改进是有益的。但我们要注意到的是，B 的收入增长幅度低于总体收入增长幅度，故实际上 B 的消费利益反而下降了，这就说明在这种情况下还可以进行改进以实现更有益的目标，但至于如何继续改进还有待于研究，此处不做赘述。由此，我们可以将帕累托最优状态的概念引申为：在社会其他条件不变的前提下，通过资源的重新优化配置，只要大部分人及群体整体经济利益上升，那么就算有小部分人的经济利益相对受损，也是存在帕累托改进的余地，即可以通过调整和再分配，从而实现帕累托最优状态。同时，我们可以用更开阔的眼界来看待帕累托最优状态的衡量标准，将上述定义扩展为：只要在社会其他条件不变的前提下，通过资源的重新优化配置，只要人们的相关利益上升程度大于其他利益的受损程度，那么也是存在帕累托改进的余地，即可以通过调整和再分配，从而实现帕累托最优状态。尤其是考虑到社会效益、生态效应的稀缺性等特点，我们在权衡是否有必要进一步改进资源配置状况时，可以优先考虑保证社会效益、生态效应的上升或者至少不让其低于原有水平。

在消费和谐化过程中，要达到这一帕累托最优标准，就应该把多方面利益结合起来，形成一个有机统一整体，在整体上达到真正的帕累托最优标准。

第四章

消费和谐化多维评价体系研究设计与问卷调查

第一节　多维评价体系设定

消费和谐化多维评价的经济学理论基础，为构建消费和谐化的多维评价体系提供了基本思路与具体依据，在此先提出多维评价体系的设计思路与框架体系。

一、四个自变量评价维度

要揭开消费和谐化之谜，解释并评价消费和谐化的现状与问题等，首先要选择一系列的自变量构建评价维度。根据选题定位和前两章的文献综述及理论分析，主要将评价维度设定在与消费和谐化息息相关的四个维度。一是个人维度，从个人层面评价消费主体的有效需求是否合理恰当，主要用来说明消费和谐化能否促进个人满意度提高，能否保障消费的安全健康有效；二是经济维度，从经济层面评价私人资源的节约使用需求是否得到实现，主要用来说明消费和谐化能否促进资源的回收利用再生，能否保障消费的绿色循环有序；三是生态维度，从生态层面评价消费环境的友好低碳需求是否持续可行，主要用来说明消费和谐化能否促进自然资源的替代转换，能否保障消费的节能低碳永续；四是社会维度，从社会层面评价消费合作的互利共赢需求是否真实有趣，主要用来说明消费和谐化能否促进社会闲置资源的分享共用，能否保障消费的协同包容有益。

设定四个自变量评价维度，即消费评价的个人维度、经济维度、生态维度和社会维度，也可以理解为这四个维度的评价共同促进消费的和谐利益最大化，它们分别侧重保证个人效用最大化、经济效率最大化、生态效应最大化和社会效益最大化，力求实现均衡消费、均势和谐。

二、三个因变量支持度维度

消费和谐化的评价权重如何选择？在借鉴众多相关学者研究成果的启发下，确定选择三个支持维度来表达。其一是，认知支持度。因为消费者对于消费和谐化的理念和意识如何，直接关系到他们消费的过程和结果是否和谐。其二是，态度支持度。有认知或者了解的消费者，不一定愿意参与和谐消费。用态度支持度来进一步说明消费者在和谐消费道路上的前进程度和意愿。其三是，行动支持度。既理解并拥有和谐消费的常识和理念，又具有和谐消费的意愿与态度，是否还具有消费和谐化的实际行动呢？所以，加上行动支持度，就让和谐消费的层次表达更完整系统。

三、设定多维评价体系

当前很多消费评价都局限于某个特定的消费产品或者服务，且缺少更为综合的评价方法，需要有更集成的评价方法与体系。结合四个自变量评价维度和三个因变量支持维度，构建的多维评价体系基本成型，这样可以分别解释消费和谐化推进的不同阶段或者不同程度，了解是认知度高还是态度强或者是行动力多，还可以具体评价消费和谐化是由什么评价维度影响的，影响方向与程度如何等。这样就能明确个人维度、经济维度、生态维度和社会维度在消费和谐化的认知支持度、态度支持度及行动支持度各方面的相关关系及程度等，便于具体评价消费和谐化进程，并找到不同消费群体的消费不和谐的困难所在或者突破点所在。为保障自变量评价维度的准确性，在四个评价维度下均分别设置一个对应的认知问题、三个态度问题和一个行动问题做出更细分的评价小维度。

第二节 研究假设说明

本书的研究假设前后保持一致，大研究假设为四个评价维度自变量与三个支持度因变量有显著正相关关系，进而四个评价维度与消费和谐化评价成正向显著相关性。比如主要研究假设为 HA：个人效用评价维度变量与消费和谐化有正向相关性。下设三个因变量支持度对应的小假设，分别对应个人效用维度与消费和谐化认知支持度、态度支持度、行动支持度的显著正相关关系。其他三个评价维度的研究假设类似。具体表述如表4-1所示。

表4-1 消费和谐化评价体系研究假设及来源说明

维度	问题	来源
Q2A：个人评价维度	HA：个人评价维度与消费和谐化有显著正相关关系。	西蒙娜·纳斯佩蒂（Naspetti S），扎诺利（Zanoli R）（2002）
	HA.1：个人评价维度与消费和谐化认知支持度有显著正相关关系。	西蒙娜·纳斯佩蒂（Naspetti S），扎诺利（Zanoli R）
	HA.2：个人评价维度与消费和谐化态度支持度有显著正相关关系。	西蒙娜·纳斯佩蒂（Naspetti S），扎诺利（Zanoli R）
	HA.3：个人评价维度与消费和谐化行动支持度有显著正相关关系。	迈克尔·马尼茨（Maniates M）

续　表

维度	问题	来源
Q2B：经济评价维度	HB：经济评价维度与消费和谐化有显著正相关关系。	艾莉森·瑞奇（Rich S A），山姆·汉纳(Hanna S)，赖特(Wright B J)
	HB.1：经济评价维度与消费和谐化认知支持度有显著正相关关系。	艾莉森·瑞奇（Rich S A），山姆·汉纳(Hanna S)，赖特(Wright B J)
	HB.2：经济评价维度与消费和谐化态度支持度有显著正相关关系。	艾莉森·瑞奇（Rich S A），山姆·汉纳(Hanna S)，赖特(Wright B J)
	HB.3：经济评价维度与消费和谐化行动支持度有显著正相关关系。	艾莉森·瑞奇（Rich S A），山姆.汉纳(Hanna S)，赖特(Wright B J)
Q2C：生态评价维度	HC：生态评价维度与消费和谐化有显著正相关关系。	阿奇博尔德(Archibald P. Sia)，亨格福德·哈罗德(Harold R. Hungerford)，奥德丽(Audrey N)，托梅拉(Tomera)
	HC.1：生态评价维度与消费和谐化认知支持度有显著正相关关系。	阿奇博尔德(Archibald P. Sia)，亨格福德·哈罗德(Harold R. Hungerford)，奥德丽(Audrey N)，托梅拉（Tomera）
	HC.2：生态评价维度与消费和谐化态度支持度有显著正相关关系。	蒂芙尼·杰克逊（Jackson T）
	HC.3：生态评价维度与消费和谐化行动支持度有显著正相关关系。	蒂芙尼·杰克逊（Jackson T）
Q2D：社会评价维度	HD：社会评价维度与消费和谐化有显著正相关关系。	蒂芙尼·杰克逊（Jackson T）
	HD.1：社会评价维度与消费和谐化认知支持度有显著正相关关系。	蒂芙尼·杰克逊（Jackson T）
	HD.2：社会评价维度与消费和谐化态度支持度有显著正相关关系。	蒂芙尼·杰克逊（Jackson T）
	HD.3：社会评价维度与消费和谐化行动支持度有显著正相关关系。	蒂芙尼·杰克逊（Jackson T）

具体阐述来源如：HA.1 的假设文献来源为西蒙娜·纳斯佩蒂（Naspetti S），扎诺利（Zanoli R）介绍意大利消费者知觉研究的部分结果和知识，对不同消费者购买有机食品相关行为做了购买动机的研究，发现认知水平受个人经验与知识的影响存在差异。HB 的假设文献来源为艾莉森·瑞奇（Rich S A）、山姆·汉纳（Hanna S）、赖特（Wright B J）他们认为降低消费支出的生活方式可能有利于环境和消费者的身心健康。部分生活满意度高的消费者正成为自愿简化消费者。HC 的假设文献来源为：阿奇博尔德（Archibald P. Sia）、亨格福德·哈罗德（Harold R. Hungerford）、奥德丽（Audrey N）、托梅拉（Tomera）他们提出消费选择评价与消费者对未来的个人福利或者社会福利等后果有关。HD 的假设文献来源为：蒂芙尼·杰克逊（Jackson T）认为可持续消费有双重红利，既能减少消费，还能生活得更好。更多研究假设来自长期的田野研究、专家访谈、参与式观察等定性研究获得的研究体会。

第三节　实证研究设计

一、变量量化界定

设定评价消费和谐化的四个自变量维度中的 20 个指标和因变量三维度指标变量，选取的相关评价指标如表 4-2、表 4-3 所示。

表 4-2　消费和谐化评价体系自变量四维度指标变量名及指标含义

一级变量名 及指标含义	二级变量名及指标含义		
Q2A： 个人评价维度	Q2A1：健康安全认知	Q2A2：支持价格态度	Q2A3：内在需求态度
	Q2A4：信任成本态度	Q2A5：科学消费行动	
Q2B： 经济评价维度	Q2B1：节约资源认知	Q2B2：简易包装态度	Q2B3：物尽其用态度
	Q2B4：旧物重生态度	Q2B5：循环消费行动	
Q2C： 生态评价维度	Q2C1：保护环境认知	Q2C2：避免污染态度	Q2C3：环境成本态度
	Q2C4：源头保护态度	Q2C5：低碳消费行动	
Q2D： 社会评价维度	Q2D1：合作共享认知	Q2D2：互利共赢态度	Q2D3：协同生活态度
	Q2D4：乐于分享态度	Q2D5：协调消费行动	

表4-3 消费和谐化评价体系因变量三维度指标变量名及指标含义

一级变量名及指标含义	二级变量名及指标含义		
Q2E：消费和谐化支持度	Q2E1：消费和谐化认知支持度	Q2E2：消费和谐化态度支持度	Q2E3：消费和谐化行动支持度

二、调研问卷设计说明

基于前文所提的研究基础及理论模型和变量的可操作化为前提，著者在此文中主要采用了问卷调查法来进行实证分析。问卷调查法是当前社会科学进行科学研究中用的比较多的一种方法，也是比较适合评价模型数据收集的方法，同时还是国内外相关研究中最常采用的方法。本调查问卷经历了数十次的调整与改动后基本成型，并一直放在问卷网上持续开放调研，其调研的初步数据用于本论文的写作与分析，后续还希望能跟踪调研数年，以便于更多地进行跨时期的纵向分析运用。

调查问卷的设计主要经历了预调查和实践调查两个阶段。预调查阶段既有主观变量的选择界定，也有客观变量的明确设定。根据本书对和谐消费趋势认定的四个目标，即消费的个人效用、经济效率、生态效应、社会效益要尽可能协调统一，在设计调研问卷时主要侧重于对相应指标的筛选。

首先是从不同渠道征求大家对消费趋势的理解。对于专业人士，主动提及当前的消费不仅仅是私人消费的概念，而且应该更多考虑经济社会生态等多元因素，由此获得大家的理解与认同，然后一起思考哪些方面需要纳入调研问卷，用什么样的方式提出更能让大家理解接受。对于非专业人士，尤其是一些熟悉的亲朋好友及各地环保人士，则注意收集他们在现实消费中曾经问及的一些问题或者某些感受较多的现象，争取以此为基点整理出对应的问题，当然不可避免地带有一些预判性元素。

其次是考虑四个目标相关的问题以什么形式排序及表达。参考计量文献的过程中，看到大多数的文献都是关于消费的认知因素与态度因素或者行为因素的相关性分析，的确很受启发。只是这样来做分析，本书认可的和谐消费四个目标或者四个方面衡量标准就要分别设计调研问卷。一是时间太紧张，很难达到预期调研样本的收集目标；二是即便有分问卷，因为调研样本选取的口径与各种背景变量的差异，也很难做一个整体趋势的判别。当然，还有很多其他具体原因。思来想去，还是将消费和谐化的四方面集中于同一张问卷中，便于最后的大数据挖掘与处理运用。

问卷设计的目的是为了更好地收集研究所需要的数据资料。为保证收集到的数据能满足研究要求，要准确把握问卷调查的目的和要求，并尽可能遵循目的性原则、可接受性原则、逻辑性原则、通俗性原则进行问卷设计。

不过，在多番比较与斟酌之后，著者还是选择注册问卷网，并且选择了相对便于理解的评星法作为基本样本，开始边设计边预调研。

本调查问卷原本分为四部分：调查问卷的标题与前言后语；调查问卷的主体部分一，即消费的四方面目标分别对应的五小点问题，用于衡量四大目标的作用与相关性；调查问卷的主体部分二，即四方面消费的支持程度对应的三小项问题，分别从认知、态度、行动的支持权重角度设计；调查问卷的主体部分三，背景资料，如性别、年龄、婚否、职业、受教育程度等。在选择对主流消费者代表、小众消费者代表、师生消费者代表及省内外消费者代表等典型性样本进行预调研的过程中，得到很多宝贵意见与建议，将问卷去掉了前言后语，并多次调整标题以减少引导性。

鉴于五级量表与三级量表相比在大多数情况下更具准确性和可靠性，我们采用五级量表设计维度答案，分别用1、2、3、4、5星表示完全不同意、比较不同意、不确定是否同意、比较同意、完全同意。在开展本研究时已经获得相对有保障的722份真实有效样本数据，满足了实证分析的基本需要。与本研究相关的主要题型及来源说明见表4-4。

表4-4 主要题型及来源说明

维度	问题	来源
Q2A: 个人评价维度	Q2A1:我很在意日常生活中食品用品的健康安全问题。	陈荣奎(2001);哈珀(Harper G C),马卡图尼(Makatouni A)
	Q2A2:就算贵点,我也愿意购买信得过的有机产品(比如无农药化肥添加剂生产加工的非转基因农产品)。	哈珀 (Harper G C), 马卡图尼 (Makatouni A); 汤普森 (Thompson G D), 贾斯汀·基德韦尔(Kidwell J)
	Q2A3:我不会为面子或别人的几句评价买些自己不一定需要的东西(比如借钱买好贵的手机)。	深度访谈与社会观察所得
	Q2A4:我愿意牺牲部分便利(如路途远点)也要选择安全食品或用品。	哈珀 (Harper G C), 马卡图尼 (Makatouni A); 汤普森 (Thompson G D), 贾斯汀·基德韦尔(Kidwell J)
	Q2A5:我已经在为获得更健康安全的产品来源做努力 (如到处找哪里有安全东西买、打听哪家的东西靠谱等)。	卡门·坦纳 (Tanner C), 卡斯特(Kast S W);帕特丽·夏琼斯(Jones P), 赫利尔(Hillier D)

续　表

维度	问题	来源
Q2B: 经济评价维度	Q2B1:我平时很关心资源节约问题(比如石油是否会耗尽?)	王建明
	Q2B2:购买同类产品时,我愿意尽量买简易包装的用品。	王建明
	Q2B3:对于用旧或用坏的产品,只要能维修好,我就会继续用,不愿意重新买。	王建明
	Q2B4:我坚持一物多用、旧物重生、光盘行动等。	王建明
	Q2B5:我已经养成节水节电节能等生活习惯。	王建明
Q2C: 生态评价维度	Q2C1:我关心生态环保问题(垃圾围城、雾霾危害、二手烟害人)。	朱尔根·弗里克 (Frick J),法比·奥凯(Kaiser F G)
	Q2C2:就算贵点,我也愿意买生态环境影响小的产品 (比如买电器要先看是否有环保标志)。	卡门·坦纳(Tanner C),卡斯特(Kast S W)
	Q2C3:我从来不吃燕窝鱼翅和各类野生动物做的菜、不买珍贵动物的皮草、包包等。	陈荣奎
	Q2C4:我习惯低碳出行、尽量自带水杯手帕等,避免使用一次性物品。	谢尔(Sherer)
	Q2C5:我经常参与垃圾分类、带孩子认识小区周边植物等环保志愿者活动。	莫尔 (Mohr), 德博塔 (Debotah)
Q2D: 社会评价维度	Q2D1:我觉得大多数东西可以租就不必买(比如车)。	陈荣奎(2001);哈珀(Harper G C),马卡图(Makatouni A)
	Q2D2:我希望买卖对双方都有利。(比如消费者预定农民自己养的土鸡蛋,这样买的人可以吃到安全蛋, 农民也不怕土鸡养多了没时间卖鸡蛋)。	哈珀(Harper G C),马卡图尼(Makatouni A); 汤普森(Thompson G D),贾斯汀·基德韦尔(Kidwell J)
	Q2D3:我觉得交换看过的书、交换玩具或者旅游时换房住都很好。	深度访谈与社会观察所得

续　表

维度	问题	来源
Q2D: 社会评价维度	Q2D4:我喜欢大家一起做饭,也喜欢把自己用不上的东西送人（比如不穿的衣服捐了或者转给需要的人）。	深度访谈与社会观察所得
	Q2D5:一定要开车才能到的地方,我经常用滴滴打车等约车服务。	卡门·坦纳(Tanner C),卡斯特(Kast S W);帕特丽·夏琼斯(Jones P),赫利尔(Hillier D)
Q2E: 支持维度	Q2E1:我认为花钱时既要想到自己的需要,也要想到是否有利社会交换、环境保护和资源节约等问题。	深度访谈与社会观察所得
	Q2E2:我已经在消费时尽量满足自己需要又兼顾资源、环保、社会责任。	深度访谈与社会观察所得
	Q2E3:我不仅自己要做到,而且希望影响身边人买东西时都要想想资源、环保、社会责任(如推荐他人购买环保用品、主动分享可靠产品来源等)。	深度访谈与社会观察所得

第四节　研究数据收集与信效度检验

一、数据收集

数据的真实准确性关系到研究工作的有效性。为保证本次研究过程中的数据来源可靠，本次实证分析中所有的数据均来自笔者的一手调查资料。在问卷调研之前确定研究样本，样本质量直接关系到研究结论的科学性和外推性。为保证样本的代表性，本研究采用随机抽样方法选取样本。

本调研问卷的问卷调查平台为问卷网，问卷调查时间为：2021 年 6 月 10 至 7 月 20 日，问卷调查方式为通过问卷网将问卷转发到微信，让微信用户进行调查，问卷网负责回收问卷。

问卷调查为开放式，每个收到问卷的微信用户都可转发该问卷让其好友圈进行调查。根据问卷网的数据来源概览结果显示：对 756 份调查结果进行题项筛选，剔除 34 份不合格问卷后，有效问卷 722 份，有效回收率为 95.5%，真实有效样本数据足以满足实证分析的样本量需要。通过问卷答题用户的网络地址可知：被访问者来源分布比较广泛，有利于数据的稳健性，被访问者来源具体见表4-5。

表4-5　被访问者来源分布

来源地	比例(%)	来源地	比例(%)
湖南	51	广东	10
江西	5	山西	5
北京	4	山东	3
湖北	2	福建	2
江苏	2	上海	1
其他	15	—	—

注：其他指由于没有列入的省份人数比较少，因此将其同港澳台和海外一起归为其他。

本研究分别设置了性别、年龄、文化程度、职业分布、城市分布、个人月收入、家庭月收入、家庭常住人口数等消费者常用人口描述性统计变量，表4-6为问卷调查人员基本特征分布构成。

表4-6　问卷调查人员基本特征分布构成

参数	类型	频数	频率
性别	1. 男	237	32.83%
	2. 女	485	67.17%
年龄	1. 20 岁以下	45	6.23%
	2. 21—30 岁	185	25.62%

续　表

参数	类型	频数	频率
年龄	3. 31—40 岁	214	29.64%
	4. 41—50 岁	223	30.89%
	5. 51—60 岁	49	6.79%
	6. 60 岁以上	6	0.83%
个人收入	1. 3000 元及以下	230	31.89%
	2. 3001~6000 元	296	40.95%
	3. 6001~9000 元	108	14.90%
	4. 9001~12000 元	45	6.27%
	5. 12001~15000 元	13	1.81%
	6. 15001~18000 元	7	0.97%
	7. 18001 元及以上	23	3.20%
婚姻状况	1. 已婚	498	69.04%
	2. 未婚	224	28.17%
家庭收入	1. 5000 元及以下	110	15.27%
	2. 5001~10000 元	276	38.47%
	3. 10001~20000 元	218	30.23%
	4. 20001~30000 元	61	8.40%
	5. 30001~40000 元	20	2.75%
	6. 40001 元及以上	35	4.89%
家庭规模	1 人	34	4.74%
	2 人	96	13.25%
	3 人	325	45.05%
	4 人	155	21.48%
	5 人及以上	112	15.48%

续　表

参数	类型	频数	频率
文化程度	1. 高中	76	10.53%
	2. 大专、本科	493	68.28%
	3. 硕士	126	17.45%
	4. 博士	27	3.74%
职业	1. 学生	112	15.51%
	2. 政府工作人员	115	15.93%
	3. 企业从业人员	143	19.81%
	4. 事业单位人员	155	21.47%
	5. 商业/服务业从业人员	69	9.56%
	6. 工人、农民/农民工	12	1.66%
	7. 其他(自由职业者、全职家庭人员、离退休人员)	116	16.07%
城市	1. 一线城市	87	11.99%
	2. 新一线城市	280	38.77%
	3. 二线城市	64	8.93%
	4. 三线城市	136	18.83%
	5. 其他	156	21.48%

二、研究数据的信效度检验

对研究数据进行品质检验，是保障研究成果具有可行性和可信度的基本处理方式。通常采用的方法是信度检验和效度检验。

（一）信度检验

对研究数据进行信度检验，可以看出设置的题项与研究主题之间的相关度是否密切。自变量题项对因变量支持度的信度系数，主要可以用 Cronbach's Alpha 系数的大小来判断。一般认定的标准是，如果 Cronbach's Alpha 系数的取值小于 0.35，说明该题项的设置不够合理，对于研究主题的可靠性有待商榷；如果 Cronbach's Alpha 系数的取值为 0.35 到 0.7 区间，则说明该题项的设置基本可信可靠，对于本研究主题的数据来源可以被采纳；如果 Cronbach's Alpha 系数的取值大于 0.7，那就说明本调研问卷的该题项数据很值得信任采用，研究可靠性很强。

就研究方法与研究结论的正确性与科学性来说，在对数据进行回归分析前，需要对收集的数据进行信度效度检验。本书对调研数据进行纠正条款的总相关系数分析（即 CITC 分析），以净化测量条款；同时运用 Cronbach's Alpha 系数检验问卷的内部一致性信度。在 CITC 分析中，若 CITC<0.5，且删除该题项后 Cronbach's Alpha 系数增加，则应该删除该题项，反之则保留。

1. 对个人效用评价维度的 CITC 及内部一致性分析

个人效用评价维度测量量表 CITC 及内部一致性分析结果为表 4-7。由表 4-7 可知，内在需求态度的 CITC 值为 0.198，删除该项前 α 系数为 0.613，删除后为 0.658，删除后 α 系数增加，因此应该删除该题项。而对于健康安全认知、支持价格态度、科学消费行动，虽然 CITC 值也都小于 0.5，但删除这些项后，α 系数分别为 0.577、0.505 和 0.548，都比删除前的 α 系数（0.613）小，因此这些项保留。

表 4-7　个人效用评价维度测量量表 CITC 检验结果

检验项	项已删除的刻度均值	项已删除的刻度方差铰	校正的项总计相关性	项已删除的Cronbach's Alpha 值	总体Cronbach's Alpha 值
健康安全认知	6.74	7.960	0.337	0.577	—
支持价格度	16.97	6.770	0.474	0.505	—
内在需求态度	16.86	7.429	0.198	0.658	0.613（前）
信任成本态度	16.97	6.786	0.510	0.491	0.58（后）
科学消费行动	17.48	6.305	0.390	0.549	—

来源：Spss19.0 版本的信度检验

2. 经济效率评价维度的 CITC 及内部一致性分析

表 4-8 为经济效用评价维度测量量表 CITC 及内部一致性分析结果，由表中数据可以看出经济效率评价维度的 5 个题项的 CITC 值都大于 0.5，且 α 系数为 0.808 大于 0.7，说明量表符合信度要求。

表 4-8　经济效率评价维度测量量表 CITC 检验结果

检验项	项已删除的刻度均值	项已删除的刻度方差铰	校正的项总计相关性	项已删除的Cronbach's Alpha 值	总体Cronbach's Alpha 值
节约资源认知	16.66	9.633	0.571	0.777	—
简易包装态度	16.7	9.388	0.579	0.775	—
物尽其用态度	16.71	9.285	0.618	0.763	0.808
旧物重生态度	16.74	8.670	0.669	0.746	—
循环消费行动	16.37	10.436	0.537	0.788	—

来源：Spss19.0 版本的信度检验

3. 生态效应评价维度的 CITC 及内部一致性分析

表 4-9 为生态效应评价维度测量量表 CITC 及内部一致性分析结果，由表中数据可以看出生态效应评价维度的 5 个题项值除环境成本态度外的 CITC 都大于 0.5，而环境成本态度的 CITC 值为 0.346，删除该项前 α 系数为 0.752，

删除后为 0.769，删除后 α 系数增加，因此应该删除该题项。删除后的 α 系数为 0.769 大于 0.7，说明删除环境成本态度题项后，该量表符合信度要求。

表 4-9　生态效应评价维度测量量表 CITC 检验结果

检验项	项已删除的刻度均值	项已删除的刻度方差	校正的项总计相关性	已删除的Cronbach's Alpha 值	总体Cronbach's Alpha 值
保护环境认知	1.60	10.430	0.566	0.697	—
避免污染态度	5.78	10.220	0.547	0.700	0.752（前）
环境成本态度	15.58	10.855	0.346	0.769	
源头保护态度	16.02	9.155	0.631	0.665	0.769（后）
低碳消费行动	16.43	8.763	0.545	0.702	—

来源：Spss19.0 版本的信度检验

4. 社会效益评价维度的 CITC 及内部一致性分析

表 4-10 为社会效应评价维度测量量表 CITC 及内部一致性分析结果，由表中数据可以看出：协同消费行动的 CITC 值为 0.251，小于 0.5，而且删除该项前 α 系数为 0.689，删除该项后为 0.752，删除后 α 系数增加，因此应该删除该题项。删除后的 α 系数为 0.752 大于 0.7，说明删除协同消费行动题项后，该量表符合信度要求。

表 4-10　社会效益评价维度测量量表 CITC 检验结果

检验项	项已删除的刻度均值	项已删除的刻度方差	校正的项总计相关性	项已删除的Cronbach's Alpha 值	总体Cronbch's Alpha 值
合作共享认知	1.47	10.948	0.442	0.640	—
互利共赢态度	14.90	10.885	0.561	0.596	0.689（前）
协同生活态度	15.03	10.368	0.561	0.589	0.752（后）
乐于分享态度	14.79	11.462	0.518	0.617	—
协同消费行动	15.72	10.979	0.251	0.752	—

来源：Spss19.0 版本的信度检验

5. 消费和谐支持维度的 CITC 及内部一致性分析

表 4-11 为生态效应评价维度测量量表 CITC 及内部一致性分析结果，由表中数据可以看出经济效率评价维度的 5 个题项的 CITC 值都大于 0.5，且 α 系数为 0.805 大于 0.7，说明量表符合信度要求。

表 4-11　消费和谐支持度的 CITC 检验结果

检验项	项已删除的刻度均值	项已删除的刻度方差铱	校正的项总计相关性	项已删的 Cronbach's Alpha 值	总体 Cronbch's Alpha值
理念认知	7.5	3.644	0.572	0.813	—
态度认可	8.08	2.80	0.747	0.630	0.805
行动认同	8.20	2.802	0.657	0.736	—

6. 问卷和问卷中各变量信度检验结果

对整个问卷和问卷中各变量进行信度检验结果如表 4-12，从信度分析测量结果看，整个问卷的 Cronbach's Alpha 系数为 0.899，说明整个问卷有较好的信度。各个单项的信度中，除个人效用评价维度（0.658）外，其余变量的信度均大于 0.7，信度检验结果说明，本问卷所用量表有较高的可靠性。

表 4-12　模型变量 Cronbach's Alpha 系数

变量	题目数量	Cronbach's Alpha系数
整个问卷	20	0.899
个人效用评价维度	4	0.658
经济效率评价维度	5	0.808
生态效应评价维度	4	0.769
社会效益评价维度	4	0.753
消费和谐支持维度	3	0.805

（二）效度检验

进行效度检验，有利于判断调研数据能否运用于因子或者主成分分析。效度也就是指调研数据的有效程度，一般可以采用 KMO 和 Bartlett 的检验方法。KMO 检验主要指取样足够度的 Kaiser-Meyer-Olkin 度量，一般以 0.6 为分水岭。小于 0.6 的 KMO 取值说明调研数据基本不适合进一步进行因子分析或者主成分分析运用。大于 0.6 的 KMO 取值，则根据取值是否还大于 0.7、0.8、0.9 依次对应着基本有效、比较有效、非常有效，这样的调研问卷数据也就可以理解为基本适合、比较适合、非常适合进行因子分析或者主成分分析运用。Bartlett 的球形度检验则主要看其对应的 P 值是否最接近于 0，这样显示的调研结果也越有利于进行因子分析或者主成分分析。当然，在确定数据有效后，还可以进行旋转成分矩阵分析，将设置题项进行分组，观察其相互间的关联性或者交叉性，判断题目设置的合理性及融合度，为以后的持续调研形成问卷改善依据。

表 4-13　KMO 和 Bartlett 的检验

取样足够度的 Kaiser-Meyer-Olkin 度量	0.902
Brtlett 的球形度检验	4285.6
Df（自由度）	253
Sig.	0.000

由以上效度检验结果可以看出，KMO 的取值大于 0.9，说明效度很高，调研问卷对应的变量数据非常适合做因子分析。同时，Bartlett 的球形度检验对应的 P 值为 0，说明检验结果非常显著。这说明调研问卷中关于四个评价维度的相关问题均适合做实证分析。

5

第五章

消费和谐化多维评价体系的
维度相关性效应分析

第一节　单维度相关性效应分析

一、研究假设说明

构建消费和谐化的多维评价体系的基石首先在于消费评价的四个维度，分别为个人效用评价维度（Q2A）、经济效率评价维度（Q2B）、生态效应评价维度（Q2C）和社会效益评价维度（Q2D）。同时，为了更好地体现消费和谐化的推进程度具体是处于认知层面，还是态度意愿层面，抑或到了行动层面，本书也设置了三个代表支持消费和谐化的因变量，分别为认知支持度（Q2E1）、态度支持度（Q2E2）、行动支持度（Q2E3）。也在必要的时候，对这三个支持度评分进行加总取均值，反映一个粗略的总体支持度，用于代表消费和谐化的总体情况。

人们对于消费和谐化的理念认知、态度认可和行动认同是否到位，一定程度上取决于他们在消费中是否获得个人满足、是否循环利用资源、是否注重生态环保、是否关注社会闲置资源重复利用等。消费评价四维度的小变量中均包含有三个与支持度相关的评分问题，也可以说，消费评价得分越高，反映人们在消费和谐化认知、态度行动上支持度越高。李雨燕、黄波从消费的角度凸显了人与自然、人与人、人与自身的和谐要求。消费和谐，首先需要消费者自我感知和谐。可见，在分析消费和谐化行动支持度时，从消费者个人效用维度出发，当消费者个人效用水平比较高时，对消费和谐化行动支持度也相对较高。因此提出假设：

HA.1：消费者的个人效用评价维度变量与消费和谐化认知支持度有显著正向相关性，即消费者在个人效用评价方面评分越高，其对消费和谐化的认知支持度越强，可以简写为个人评价与和谐消费行动有显著正相关关系。

克莱赞（Kletzan）等将影响消费的因素从微观层面拓展到中观乃至宏观层面，建议在可持续消费行为研究时，还要加入经济维度、生态维度和社会维度等。杜延军、倪琳，陈军，李梦琴等则从经济、社会、资源、生态环境等维度确定可持续性消费水平指标体系评价原则，建立了可持续性消费评价监测指标体系。从他们的研究中可以看出消费和谐化不仅仅依赖于消费者个人消费效用评价，同时也与消费者经济、社会、生态环境等消费维度存在重要关系，因此本书还提出假设：

HB.1：消费者的经济评价与消费和谐化认知支持度有显著正相关关系。

HC.1：消费者的生态评价与消费和谐化认知支持度有显著正相关关系。

HD.1：消费者的社会评价与消费和谐化认知支持度有显著正相关关系。

据此，将消费评价的单维度与消费和谐化认知支持度对应的研究假设设定为 HA.1、HB.1、HC.1 及 HD.1。消费评价四维度的小变量中均包含有三个与态度相关的评分问题，也可以说，消费评价得分越高，人们在态度上越愿意支持消费和谐化。据此，将对应的研究假设表述为 HA.2、HB.2、HC.2 及 HD.2。

HA.2、HB.2、HC.2、HD.2：消费者的个人、经济、生态、社会评价与消费和谐化态度支持度有显著正相关关系。

众多文献观点集中在消费者态度和行动力与认知支持度有密切关系。从消费者个人的评价流程来看，理念认知是第一步，态度或者意愿认可则有可能发生，行动认同一般会相对困难或者略微滞后，却也有可能伴随发生。行动支持度对应的四维度假设表述为 HA.3、HB.3、HC.3 及 HD.3。

HA.3、HB.3、HC.3、HD.3：消费者的个人、经济、生态、社会评价与消费和谐化行动支持度有显著正相关关系。

二、单维度与认知支持度的直接效应分析

本书先从这四个评价维度的视角，分别对三个消费和谐化支持度建立函数关系，判断其是否具有函数相关性。如果有相关性，进而分析相关系数的大小与取值方向如何，判断能否支持系列研究假设。

表 5-1 消费和谐化认知支持度 （Q2E1） 的单维度相关性回归结果

系数[a]					
模型	非标准化系数		标准系数	T（检验结果）	Sig.
	B（回归系数）	标准误差	试用版		
（常量）	1.580***	0.265	—	5.957	0.000
Q2A	0.067	0.060	0.048	1.112	0.267
Q2B	0.120*	0.063	0.102	1.909	0.057
Q2C	0.272***	0.063	0.235	4.298	0.000
Q2D	0.239***	0.054	0.215	4.425	0.000

a. 因变量：消费和谐化认知支持度

注：*** 表示在 p=0.01 下强显著，** 表示在 p=0.05 下较强显著，* 表示在 p=0.1 下弱显著，本书均采用此检验标准

由表 5-1 消费和谐化认知支持度的单维度直接效应结果可知，四个评价维度中的生态效应评价（β=0.272，P=0.000）和社会效益评价（β=0.239，P=0.000）与消费和谐化认知支持度存在显著正相关关系；经济效率评价与消费和谐化认知支持度有较强显著正相关关系（β=0.120，P=0.057）；个人效用评价与消费和谐化支持度不存在明显相关关系。表 5-1 回归结果说明，消费者对消费的生态效应评价或社会效益评价得分增加，消费和谐化认知支持度也提高，且消费者的生态效应评价比社会效益评价对消费和谐化的正相关影响系数更大，这反映出当前消费者更多关注到消费和谐化问题的生态效应角度。简而言之，对于消费和谐化认知支持度的四个相关研究假设中，HC.1 和 HD.1 成立，HB.1 部分成立，HA.1 不成立。究其原因，HA.1 不成立的更多因素可以从问卷设计环节的数据品质检验结果略见端倪。与消费者个人效用评价相关的题项问法过于专业，内容选择也稍显深奥，因此填写对象的理解稍显偏差。这可能与笔者长期坚持推广有机生活有关，接触的消费群体认知值较高，从而在设计问卷时，无意中提升了对自媒体调研群体的期待值，相关问题设置难度稍大，填写对象难以吃透题意导致测算数据部分失效，类似的问题一直贯穿于本书相关实证研究结果中，是未来改善问卷设计质量的突破点。

三、单维度与态度支持度的直接效应分析

消费者的个人、经济、生态、社会等单维度的评价得分对消费和谐化态度支持度的直接效应分析见表 5-2 所示。

表 5-2　消费和谐化态度支持度（Q2E2）的单维度相关性回归结果

模型	系数[a]		标准系数	t	Sig.
	非标准化系数				
	B	标准误差	试用版		
（常量）	−0.139	0.272	—	−0.511	0.609
Q2A	0.132**	0.062	0.084	2.143	0.033
Q2B	0.235***	0.064	0.177	3.641	0.000
Q2C	0.384***	0.065	0.294	5.926	0.000
Q2D	0.247***	0.055	0.197	4.461	0.000
a. 因变量: Q2E2					

由表 5-2 消费和谐化态度支持度的单维度直接效应分析结果可知，消费评价维度中的后三个自变量，也就是经济效率评价、生态效应评价和社会效益评价，与消费和谐化的态度支持度有强显著函数关系（P=0.000），相关系数均为正，说明这三个评价维度都与消费和谐化态度支持度正向显著相关。它们的相关程度由大到小，依次为生态效应评价相关系数 0.384、大于社会效益评价相关系数 0.247、更大于经济效率评价相关系数 0.235，其中经济效率评价与社会效益评价的相关系数相差无几。以上研究结果都支持了研究假设 HB.2、HC.2、HD.2。

同时，表 5-2 结果也显示，个人效用评价对消费和谐化态度支持度的正向相关性也通过较强显著检验（P=0.033），其相关系数稍低于另三个评价维度，为 0.132。这也证实研究假设 HA.2 成立。

所以，表 5-2 的数据处理结果支持了研究假设 HA.2、HB.2、HC.2、HD.2，说明消费评价在个人、经济、生态、社会四个维度的自变量均对消费和谐化的态度支持度有较强或者强显著正相关作用。或者可以说，从消费者在意的个人效用、经济效率、生态效应、社会效益任一维度评价得分或者随意几个维度内在因素着手正向刺激，均对提高消费者参与消费和谐化的态度或者意愿有一定作用。

四、单维度与行动支持度的直接效应分析

行动支持度是否直接受四个评价维度正向显著影响，由表 5-3 的研究结果可见一二。

表 5-3　消费和谐化行动支持度（Q2E3）的单维度相关性分析

系数				
模型	非标准化系数		标准系数	t	Sig.
	B	标准误差	试用版		
（常量）	−0.365	0.290	—	−1.258	0.209
Q2A	0.017	0.066	0.010	0.257	0.797
Q2B	0.216***	0.069	0.150	3.134	0.002
Q2C	0.558***	0.069	0.393	8.064	0.000
Q2D	0.243***	0.059	0.178	4.113	0.000
a. 因变量: Q2E3					

表 5-3 消费和谐化行动支持度的单维度相关分析结果显示，在消费和谐化的行动支持度方面，消费评价维度中的后三个自变量，也就是经济效率评价、生态效应评价和社会效益评价等再次发挥了强显著的函数相关性（P=0.000），相关系数分别为 0.216、0.558、0.243。这意味着：1. 消费者在资源、生态、社会三个维度上的评价得分的确与消费和谐化行动程度有正向显著相关性。2. 这三个评价维度对消费和谐化行动支持度的影响程度依次为生态评价>社会评价>经济评价，其中生态评价的相关系数比经济评价与社会评价的相关系数之和更多，而经济评价与社会评价对消费和谐化行动支持度的影响程度基本相当。3. 对应的研究假设 HB.3、HC.3、HD.3 均成立。

检验结果还显示，个人效用评价与消费和谐化行动支持度的正向相关性

P 值大于 0.1，函数关系不显著，也就是说对应的研究假设 HA.3 不能得到支持。其中原因既在于消费者部分存在心口不一的倾向，又可能再次归因于个人效用评价维度题项的问法多为"为了获得健康安全消费，你愿意承担或者付出什么代价"，而消费者在消费时大多不希望一定要付出代价来获取。

五、单维度对支持度的直接效应作用小结

比较而言，三者的共同点在于，单维度评价指标影响消费和谐化的三个支持度都需要至少兼顾三个维度，即经济效率评价、生态效应评价和社会效益评价，且他们基本具有显著正相关关系，仅仅在对消费和谐化的认知支持度方面，消费的经济效率评价相关显著性较弱。其中生态效应评价的相关系数均高于另两个评价维度。区别在于，消费和谐化认知支持度的回归结果包含一个正常数的截距变量 1.580；态度支持度回归结果显示多一个评价维度即个人效用评价对和谐消费态度的正向相关性；而消费和谐化行动支持度的生态效应评价相关系数独占鳌头，为 0.558，说明在三个支持度的四个维度变量中，消费者的生态效应评价得分发挥着最为重要的正向相关作用。

在研究假设的设定和检验方面，与经济效率评价、生态效应评价和社会效益评价得分对应的支持度研究假设均成立，而与个人效用评价对应的研究假设仅在消费和谐化的态度支持度方面成立。迈克尔·马尼茨（Maniates M）在研究可持续消费的三个悖论时，特别强调了个人消费的主导地位可能带来失调失控的消费情况及其他影响，在此有所验证。[①]具

---

① Maniates M. Sustainable Consumption - Three Paradoxes [J]. *GAIA - Ecological Perspectives for Science and Society* 2014, 23(03): 201–208.

体可见表 5-4 所示。

表 5-4　单维度研究假设的检验结果

评价维度	对应的研究假设	假设是否成立
Q2A（个人效用评价）	HA.1：消费的个人效用评价显著正向影响到消费和谐化的认知支持度。	不成立
	HA.2：消费的个人效用评价显著正向影响到消费和谐化的态度支持度。	成立
	HA.3：消费的个人效用评价显著正向影响到消费和谐化的行动支持度。	不成立
Q2B（经济效率评价	HB.1：消费的经济效率评价与消费和谐化的认知支持度有正相关关系。	成立
	HB.2：消费的经济效率评价与消费和谐化的态度支持度有正相关关系。	成立
	HB.3：消费的经济效率评价与消费和谐化的行动支持度有正相关关系。	成立
Q2C（生态效应评价）	HC.1：消费的生态效应评价对消费和谐化的认知支持度影响显著。	成立
	HC.2：消费的生态效应评价对消费和谐化的态度支持度影响显著。	成立
	HC.3：消费的生态效应评价对消费和谐化的行动支持度影响显著。	成立
Q2D（社会效益评价）	HD.1：消费的社会效益评价与消费和谐化的认知支持度显著相关。	成立
	HD.2：消费的社会效益评价与消费和谐化的态度支持度显著相关。	成立
	HD.3：消费的社会效益评价与消费和谐化的行动支持度显著相关。	成立

第二节 双维度交互效应分析

如果说单维度的支持是可能的，那么将两个评价维度交互作用，比如消费者同时对于个人效用评价和生态效应评价很高，是否一定会对消费和谐化的三项有很高支持度？如果消费者对于其他评价维度的评分都很高，唯独在消费的生态效应评价上得分偏低，他的消费和谐化支持度又会有什么变化呢？如此种种，吸引着我们继续进行消费评价双维度交互作用的研究分析工作。

一、变量设定及研究假设说明

设定变量名及说明指标含义。如表 5-5 所示：

表 5-5　消费和谐化认知支持度的双维度交互评价指标变量名及指标含义

变量名	指标含义
Q2A	个人评价单维度
Q2B	经济评价单维度

续 表

变量名	指标含义
Q2C	生态评价单维度
Q2D	社会评价单维度
QAB	个人评价单维度*经济评价单维度即消费评价的个人与经济双维度交互作用
QAC	个人评价单维度*生态评价单维度即消费评价的个人与生态双维度交互作用
QAD	个人评价单维度*社会评价单维度即消费评价的个人与社会双维度交互作用
QBC	经济评价单维度*生态评价单维度即消费评价的经济与生态双维度交互作用
QBD	经济评价单维度*社会评价单维度即消费评价的经济与社会双维度交互作用

当然，消费行动是消费者对各种消费体验的综合反应，不一定是某个变量唯一确定的，和谐消费行动也不由某一维度单独影响所致，可能是消费者个人、经济、生态、社会维度中某一个维度、两个或是多个维度共同作用的结果。因此，各个消费体验维度之间的两两交互作用，或者三个变量的交互作用，乃至全效应作用对消费和谐化的行动支持度也存在重要影响。朱利奥（Giulio A D）、福克斯（Fuchs D）将可持续消费定义为一个带有限制性却是最好的起点。要求限制每个人的经济、自然（生态）与社会资源，以保证不论现在还是将来，不论个人还是群体，不论就数量还是质量，都能持续让更多消费者获得足够的资源。虽然这样的提倡，有人响应也有人反对，但是我们没有足够证据来完全拒绝类似的想法。因此本书提出假设，即双维度交互作用系列假设：

HAB：个人＊经济的交互作用与和谐消费有显著正相关关系。即消费的个人体验与生态体验的交互作用越大，和谐消费越强。内含分别对应于和谐消费认知、态度、行动支持度的研究假设 HAB.1、HAB.2、HAB.3。

HAC：个人＊生态的交互作用与和谐消费有显著正相关关系。即消费的个人体验与生态体验的交互作用越大，和谐消费越强。内含分别对应于和谐消费认知、态度、行动支持度的研究假设 HAC.1、HAC.2、HAC.3。

HAD：个人＊社会的交互作用与和谐消费有显著正相关关系。即消费的个人体验与社会体验的交互作用越大，和谐消费越强。内含分别对应于和谐消费认知、态度、行动支持度的研究假设 HAD.1、HAD.2、HAD.3。

HBC：经济＊生态的交互作用与和谐消费有显著正相关关系。即消费的经济体验与生态体验的交互作用越大，和谐消费越强。内含分别对应于和谐消费认知、态度、行动支持度的研究假设 HBC.1、HBC.2、HBC.3。

HBD：经济＊社会的交互作用与和谐消费有显著正相关关系。即消费的经济体验与社会体验的交互作用越大，和谐消费越强。内含分别对应于和谐消费认知、态度、行动支持度的研究假设 HBD.1、HBD.2、HBD.3。

HCD：生态＊社会的交互作用与和谐消费有显著正相关关系。即消费的生态体验与社会体验的交互作用越大，和谐消费越强。内含分别对应于和谐消费认知、态度、行动支持度的研究假设 HCD.1、HCD.2、HCD.3。

二、认知支持度的双维度交互效应分析

采用 Spss21.0 软件，对消费和谐化认知支持度（Q2E1）进行消费评价双维度交互效应分析，如表 5-6 所示。

表 5-6　消费和谐化认知支持度（Q2E1）的双维度交互效应分析

模型	非标准化系数		标准系数	t	Sig.
	B	标准误差	试用版		
（常量）	1.413	1.379	—	1.024	0.306
Q2A	0.577	0.356	0.415	1.624	0.105
Q2B	−0.214	0.460	−0.182	−0.465	0.642
Q2C	−0.461	0.448	−0.399	−1.030	0.304
Q2D	0.822**	0.590	0.740	2.880	0.030
QAB	−0.262***	0.101	−1.13	−0.59	0.010
QAC	0.047	0.094	0.290	0.505	0.614
QAD	0.110	0.850	0.583	1.280	0.200
QBC	0.389***	0.072	2.388	5.430	0.000
QBD	0.000	0.069	0.011	−0.020	0.970
QCD	−0.84**	0.068	−1.670	−4.480	0.000

系数[a]

a. 因变量：2E1

　　由表 5-6 消费和谐化认知支持度（Q2E1）的双维度交互效应分析结果可知，当消费者的个人效用评价与资源节约评价交互作用时，个人＊经济的交互力量与消费和谐化的认知支持有较强显著的反向相关性（β=−0.262，P=0.010）。也可以理解为，人们如果越关注健康安全消费，同时也越具有资源节约消费理念与行动，可能对于消费和谐化的认知就越多困惑。究其原因，一方面可能出在个人效用评价指标对应的题型用词稍显晦涩难懂，另一方面，更多反映真正关系到个人层面的效用评价，其客观标准很难完全单一划定。当然，还有可能在于人们本身就将健康安全消费与节约循环消费的评价相对立，这些可能的原因都值得我们进一步思考研究。认知支持度的双维度交互效应结果同时告诉我们，当消费者的经济效率评价与生态效应评价交互作用时，经济＊生态的交互力量会对消费和谐化的认知具有非常显著的正向支持（P=0.000），相关系数为 0.389。也就是说，当消费者同时对个人资源和生态资源具有较高消费评价时，有38.9%的权重与消费和谐化的认知支持度有正向相关性。另一个研究结果引起我们的反思，消费者对生态效应与社会效益同时具有高评价或者同时具有低评价时，生态＊社会的交互力量反而可能对消费和谐化的认知支持度产生负相关。也就是消费者的生态效应评价与社会效益评价发生交互作用时，他们对于消费和谐化的内涵外延及具体要求原则等的认知会产生很多思考，需要一定的知识或者方法转化为真实本质的消费和谐化认知。

以上实证结果可以解读为：人们现在还停留在这样的认知层面，被调研者大多认为消费和谐化应该将资源节约与生态友好对应的消费评价有机结合，但是很难将个人健康安全消费与资源循环利用消费相结合，也很难完全处理好生态环保消费与社会分享合作消费之间的关系。简单而言，消费和谐化认知支持度（Q2E1）的双维度交互作用评价分析结果反映了当前消费者所处的认知状况，在部分消费者的理解范畴，要想同时实现个人消费满足与资源循环节约有不少困难，要想兼顾环保节能，又做到分享多余，看似就更有矛盾了。因为消费的生态评价与社会评价双维度交互作用，即生态＊社会交互力量对消费和谐化认知支持度的相关系数（$\beta=-0.284$，$P=0.000$）绝对值，比消费的个人评价与经济评价双维度交互作用，即个人＊经济交互作用对消费和谐化认知支持度的相关系数（$\beta=-0.262$，$P=0.010$）绝对值更大，反映消费者在生态与社会评价双维度的交互作用比个人与经济双维度的交互作用，对和谐消费认知的反向相关性更大。

实证结果检验发现，以上系列研究假设，仅支持消费的经济效率评价与生态效应评价交互作用，即经济＊生态交互作用对消费和谐化的认知支持度的显著正相关性研究假设 HAC.1。

三、态度支持度的双维度交互效应分析

变量设置方法参照 5.2.1，也就是说 QAB、QAC、QAD、QBC、QBD、QCD 分别代表消费的个人效用评价＊经济效率评价、消费的个人效用评价＊生态效应评价、消费的个人效用评价＊社会效益评价、消费的经济效率评价＊生态效应评价、消费的经济效率评价＊社会效益评价、消费的生态效应评价＊社会效益评价等。

系列研究假设也相似，假设以上所有双维度评价交互作用能对消费和谐化态度支持度产生显著正向影响。也就是在回归检验中，自变量 QAB、QAC、QAD、QBC、QBD、QCD 与因变量 Q2E2 之间有通过函数显著关系检验的正相关系数。

借助 Spss 软件运用，消费和谐化态度支持度（Q2E2）的双维度交互作用评价输出结果如表 5-7。

表 5-7　消费和谐化态度支持度（Q2E2）的双维度交互效应分析

系数[a]					
模型	非标准化系数		标准系数	t	Sig.
	B	标准误差	试用版		
（常量）	4.076***	1.414	—	2.883	0.004
Q2A	−0.720**	0.364	−0.459	−1.974	0.049
Q2B	0.252	0.471	0.190	0.534	0.594
Q2C	−1.130**	0.459	−0.866	−2.459	0.014
Q2D	0.468	0.368	0.373	1.270	0.205
QAB	−0.107	0.104	−0.513	−1.034	0.302
QAC	0.093	0.096	0.452	0.970	0.332
QAD	0.256***	0.088	1.205	2.919	0.004
QBC	0.356***	0.073	1.937	4.846	0.000
QBD	−0.244***	0.071	−1.279	−3.444	0.001
QCD	−0.092	0.070	−0.483	−1.315	0.189
a. 因变量：Q2E2					

表 5-7 消费和谐化态度支持度 (Q2E2) 的双维度交互作用评价分析结果显示，相对交互作用中消费的个人＊社会、消费的经济＊生态、消费的经济＊社会对消费和谐化态度支持度的相关作用都非常显著。且消费和谐化态度支持度的双维度交互作用评价分析的常数项为 4.076，说明当消费评价发生双维交互作用时，态度支持度有很好的理念基础，反映出消费者支持和谐消费的意愿或者态度方面的认可初始状况比较好。

消费的个人效用评价与社会效益评价的交互作用，即个人＊社会交互力量与消费和谐化态度支持度显著正向相关 (β=0.256，P=0.004)，即，当消费者对于消费的个人效用评价分数高，对于消费的社会效益评价也不错的时候，他们支持消费和谐化的态度也明显增强，对应的研究假设 HAD.2 成立。

消费的经济效率评价与生态效应评价，即经济＊生态的交互作用对消费和谐化态度支持度也有强显著正相关作用 (P=0.000)，相关系数为 0.356，高于个人＊社会交互作用对消费和谐化态度支持度的相关程度 0.256。也就是说，消费者对于消费的经济效率与生态效应都非常认同的话，他们愿意支持消费和谐化的意愿也很强烈坚定，对应的研究假设 HBC.2 成立。

消费的经济效率评价与社会效益评价交互作用，即经济＊社会交互力量对消费和谐化态度支持度也有非常显著的相关作用 (β=-0.244，P=0.001)，但是影响系数为负。这说明消费者在消费的经济效率对应的个人资源消费与社会效益对应的社会闲置资源使用方面可能存在有对立看法，此增彼减时，反而更愿意支持消费和谐化进程。这个与原研究假设 HBD.2 是相反的。也可以理解为当下消费者认为要做到和谐消费很难兼顾消费的经济效率与社会效益。

四、行动支持度的双维度交互效应分析

变量设定方法与表述同上。研究系列假设也是假设消费评价的双维度交互作用对消费和谐化行动支持度（Q2E3）的影响都是正相关且显著的。研究方法也是运用 Spss 处理，输出结果如表5-8 所示。

表5-8　消费和谐化行动支持度（Q2E3）的双维度交互作用评价分析

系数ᵃ					
模型	非标准化系数		标准系数试用版	t	Sig.
	B	标准误差			
（常量）	5.900***	1.528	—	3.862	0.000
Q2A	−0.840**	0.394	−0.493	−2.133	0.033
Q2B	0.181	0.509	0.126	0.355	0.722
Q2C	−1.104**	0.496	−0.778	−2.223	0.027
Q2D	−0.431	0.398	−0.317	−1.083	0.279
QAB	−0.056	0.112	−0.249	−0.504	0.614
QAC	0.098	0.104	0.439	0.946	0.344
QAD	0.187**	0.095	0.811	1.976	0.049
QBC	0.204***	0.079	1.024	2.576	0.010
QBD	−0.130*	0.076	−0.628	−1.700	0.090
QCD	0.104	0.076	0.501	1.370	0.171
a. 因变量: Q2E3					

如表 5-8 的数据输出结果所示，消费评价对消费和谐化行动支持度的双维度交互作用中，消费的经济效率评价与生态效应评价交互、消费的个人效用评价与社会效益评价交互、消费的经济效率评价与社会效益评价交互等力量依次有强显著（P=0.010）、较强显著（P=0.049）、弱显著（P=0.090）的函数关系，相关系数分别为 0.204、0.187 和−0.130，相关程度绝对值逐渐减弱，其中经济＊社会为负相关作用，经济＊生态交互力

量的相关系数大于个人＊社会。同时，消费评价的双维度交互作用对消费和谐化行动支持度相关作用有着强显著的正截距，为 5.900（P=0.000），说明消费者的评价得分双维度交互作用时，和谐消费行动的初始状态比较良好，有一定的行动力积蓄。

消费的经济效率评价与生态效应评价交互作用即经济＊生态交互力量与消费和谐化行动支持度有显著（P=0.010）正相关关系。这说明，消费者对消费的经济效率评价高，对消费的生态效应评价得分也高时，在消费和谐化的行动支持度上也高。相应的研究假设 HBC.3 成立。

消费的个人效用评价与社会效益评价交互作用即个人＊社会交互力量对消费和谐化的行动支持度也较显著（P=0.049），且为正相关，即，消费者对消费的个人效用评价高，对消费的社会效益评价得分也高时，消费和谐化的行动支持度就高。或者可以说，消费者在消费时，如果觉得自身效用得到满足，也觉得对社会有很好的福利意义，就会更乐意采取消费行动。对应的研究假设 HAD.3 成立。

消费的经济效率评价与社会效益评价交互作用即经济＊社会的交互力量对消费和谐化的行动支持度有弱显著（P=0.090）函数关系，相关系数为负。对应的研究假设 HBD.3 不成立。这说明，消费者参与消费和谐化行动的前提可能是，个人资源和社会资源的消费难以同时达到利益最大化。也就是说，他们如果要对消费的经济评价与社会评价同时满意才参与消费和谐化行动的话，目前情况难以实现。也可以理解为，他们认为在参与消费和谐化行动时，在个人资源消费与社会闲置资源消费方面会付出顾此失彼的代价。

第三节 三维度交互效应分析

一、变量设定和研究假设说明

设定消费三维度交互作用增加的变量名及指标含义，如表 5-9 所示。

表 5-9 消费和谐化支持度的三维度交互评价指标变量名及指标含义

变量名	指标含义
QABC	个人效用评价*经济效率评价*生态效应评价
QABD	个人效用评价*经济效率评价*社会效益评价
QACD	个人效用评价*生态效应评价*社会效益评价
QBCD	经济效率评价*生态效应评价*社会效益评价

设定系列研究假设：以上三维度交互变量对消费和谐化的三种支持度都呈显著正相关影响，分别对应的一级研究假设为 HABC、HABD、HACD、HBCD，对应消费和谐化的认知支持度、态度支持度和行动支持度的研究假设各自设定为 HABC.1、HABC.2、HABC.3、HABD.1、HABD.2、HABD.3、HACD.1、HACD.2、HACD.3、HBCD.1、HBCD.2、HBCD.3。

二、认知支持度的三维度交互效应分析

表5-10　消费和谐化认知支持度（Q2E1）的三维度交互效应评价分析

模型	系数[a]				
	非标准化系数		标准系数	t	Sig.
	B	标准误差	试用版		
（常量）	1.760*	0.980	—	1.796	0.073
Q2A	0.216	0.195	0.155	1.107	0.269
Q2B	-0.456**	0.213	-0.388	-2.139	0.033
Q2C	0.115	0.225	0.099	0.509	0.611
Q2D	0.773***	0.186	0.695	4.150	0.000
QABC	0.033***	0.010	1.100	3.159	0.002
QABD	-0.008	0.013	-0.257	-0.630	0.529
QACD	-0.039***	0.013	-1.234	-2.900	0.004
QBCD	0.014	0.010	0.472	1.455	0.146

表5-10消费和谐化认知支持度（Q2E1）的三维度交互作用评价分析结果显示，正截距常数项为1.760，检验为弱显著函数关系。主效应中的经济效率评价与认知支持度为较强显著的负相关关系（β=-0.456，p=0.033），经济效率的评价越高，认知支持度越低。也就是说，要增加认知支持度，可能要先牺牲部分消费资源的经济效率。社会效益评价与认知支持度有显著的正相关关系（β=0.773，p=0.000）。社会效益评价与认知支持度同向变化，说明消费的社会效益评价越高，人们的消费和谐化认知支持度越高；消费的社会效益评分越低，消费者对消费和谐化的支持度越有限。研究假设HD.1成立。

三维度交互效应主要体现在消费者的个人效用评价与经济效率评价和生态效应评价的交互作用、个人效用评价与生态效应评价和社会效益评价

的交互作用。即个人＊经济＊生态的交互力量和个人＊生态＊社会的交互力量都对认知支持度有显著相关关系。其中个人＊经济＊生态的交互力量相关系数为 0.033，显著正相关（p=0.002）；个人＊生态＊社会的交互力量相关系数为 -0.039，显著负相关（p=0.004）。一方面，个人效用评价＊经济效率评价＊生态效应评价的三重强化，对认知支持度有正向相关作用（β=0.033，p=0.002）。也就是消费者对消费中的个人效用、经济效率、生态效应评分越高，他们对消费和谐化的认知支持度越强。消费者对个人效用、经济效率和生态效应的三重评价值越高，和谐消费认知支持度越高。对应的研究假设 HABC.1 成立；另一方面，消费和谐化的认知支持度，还受个人＊生态＊社会的三维交互效应的负相关作用（β=-0.039，p=0.004）。更多可能来自消费者的个人效用评价较低，但生态效应和社会效应评价都高时，消费和谐化的认知度也较高。

三、态度支持度的三维度交互效应分析

表 5-11　消费和谐化态度支持度（Q2E2）的三维度交互作用评价分析

系数[a]					
模型	非标准化系数		标准系数	t	Sig.
	B	标准误差	试用版		
（常量）	2.835**	1.001	—	2.832	0.005
Q2A	-0.370*	0.199	-0.236	-1.861	0.063
Q2B	0.128	0.218	0.096	0.586	0.558
Q2C	-0.406*	0.230	-0.311	-1.762	0.079
Q2D	0.552***	0.190	0.441	2.903	0.004
QABC	0.040***	0.011	1.183	3.750	0.000
QABD	-0.025*	0.013	-0.706	-1.910	0.057
QACD	0.015	0.014	0.424	1.098	0.273
QBCD	-0.009	0.010	-0.274	-0.930	0.353

　　表5–11消费和谐化态度支持度（Q2E2）的三维度交互作用评价分析结果显示，正截距项2.835有显著函数相关性（p=0.005），主效应的个人效用评价与生态效应评价及态度支持度呈弱显著负相关（p=0.063，p=0.079），相关系数分别为–0.370和–0.406；社会效益评价与态度支持度呈显著正相关（P=0.004），相关系数为0.552。消费评价的三维度交互作用中，消费者的个人效用评价＊经济效率评价＊生态效应评价的交互效应与消费和谐化的态度支持度正向显著相关（β=0.040，p=0.000）；消费者的个人效用评价与经济效率评价及社会效益评价的交互效应与态度支持度弱显著负向相关（β=–0.025，p=0.057）。

　　在消费评价三维度交互作用检验中，主效应中的个人效用评价越高，态度支持度却越低，其原因大半来源于题项问法的成本代价法；反之，生态效应评价越低，态度支持度越高，对应这两个变量相关的研究假设HA.2、HC.2不成立。而消费者的社会效益评价越高，态度支持度越高，对应的研究假设HD.2成立。同时，消费者的个人效用评价、经济效率评价、生态效应评价同时都很高时，态度支持度也很高，对应的研究假设HABC.2也成立。而个人效用评价、经济效率评价、社会效益评价都高时，态度支持度却降低，对应的研究假设HABD.2不成立。

四、行动支持度的三维度交互效应分析

表 5-12　消费和谐化行动支持度（Q2E3）的三维度交互作用评价分析

模型	非标准化系数		准系数 试用版	t	Sig.
	B	标准误差			
（常量）	3.848***	1.064	—	3.617	0.000
Q2A	-0.441**	0.211	-0.259	-2.089	0.037
Q2B	0.227	0.231	0.158	0.981	0.327
Q2C	-0.413*	0.245	-0.291	-1.687	0.092
Q2D	0.046	0.202	0.034	0.228	0.819
QABC	0.020*	0.011	0.554	1.797	0.073
QABD	-0.025*	0.014	-0.652	-1.805	0.072
QACD	0.033**	0.015	0.854	2.264	0.024
QBCD	0.005	0.010	0.148	0.514	0.607

系数[a]

表 5-12 消费和谐化行动支持度（Q2E3）的三维度交互作用评价分析结果显示，正截距项 3.848 有显著函数相关性（P=0.000），主效应的个人效用评价与行动支持度呈较强显著负相关性（β=-0.441，p=0.037），生态效应评价与行动支持度为弱显著负相关（β=-0.413，p=0.092）。消费评价的三维度交互作用中，个人效用评价＊经济效率评价＊生态效应评价的交互作用弱显著正相关于消费和谐化的行动支持度（β=0.020，p=0.073）；个人效用评价＊经济效率评价＊社会效益评价的交互作用弱显著负相关于行动支持度（β=-0.025，p=0.072）；个人效用评价＊生态效应评价＊社会福利评价的交互作用较强显著正相关于消费和谐化的行动支持度（β=0.033，p=0.024）。

在消费评价三维度的交互作用下，主效应中的个人效用评价越高，行

动支持度反而越低；生态效应评价越高，行动支持度越低；与之对应的研究假设 HA.3、HC.3 不成立。同时，消费者的个人效用评价、经济效率评价、生态效应评价都很高时，行动支持度也很高，但个人＊经济＊生态的交互作用检验效果为弱显著正向相关，对应的研究假设 HABC.3 部分成立。而个人效用评价、经济效率评价、社会效益评价都高时，行动支持度却降低，对应的研究假设 HABD.3 不成立。个人效用评价、生态效应评价、社会福利评价交互作用时，与行动支持度呈显著正相关，对应的研究假设 HACD.3 成立。

三维度交互效应的研究结果完全支持研究假设 HACD.3，部分支持研究假设 HABC。

第四节 多维度全效应分析

变量设定及含义可以整合之前单维度、双维度交互作用和三维度交互作用的相关变量定义及指标含义，系列研究假设也得以沿用。

一、认知支持度的多维度全效应分析

将所有评价单维度变量、双维度交互变量和三维度交互变量与认知支持度进行全效应回归分析，结果如表5-13所示。

表 5-13　消费和谐化认知支持度(Q2E1) 的多维度全效应评价分析

系数[a]					
模型	非标准化系数		标准系数	t	Sig.
	B	标准误差	试用版		
(常量)	6.010	6.066	—	0.991	0.322
Q2A	−0.973	1.560	−0.700	−0.624	0.533
Q2B	0.035	1.818	0.030	0.019	0.985
Q2C	−1.783	1.549	−1.540	−1.151	0.250
Q2D	−0.134	1.563	−0.120	−0.086	0.932
QAB	−0.194	0.370	−1.049	−0.525	0.600
QAC	0.484	0.418	2.644	1.159	0.247

续　表

系数ª				
模型	非标准化系数		标准系数	t	Sig.
	B	标准误差	试用版		
QAD	0.465	0.450	2.468	1.032	0.303
QBC	0.341	0.468	2.095	0.730	0.466
QBD	−0.182	0.448	−1.078	−0.407	0.684
QCD	−0.072	0.172	−0.443	−1.215	0.248
QABC	−0.023	0.095	−0.763	−0.242	0.809
QABD	0.007	0.096	0.235	0.078	0.938
QACD	−0.101*	0.061	−3.203	−1.650	0.100
QBCD	0.040	0.061	1.351	0.648	0.517
a. 因变量: Q2E1					

表 5-13 消费和谐化认知支持度（Q2E1）的多维度全效应评价分析结果显示，消费评价的单维度、双维度、三维度全部混同发挥作用时，他们很难对消费和谐化的认知支持度发挥作用。只有个人 * 生态 * 社会的交互作用弱显著（p=0.100）相关于认知支持度，相关系数为−0.101。这反映，在全效应作用下，个人效用评价、生态效应评价和社会效益评价同时得以强化，认知支持度反而可能下降，究其原因应该还是在于消费者的若干评价维度内在难以同时达成一致高分，与消费和谐化认知支持度相关的系列研究假设都没有得以支持成立。

二、态度支持度的多维度全效应分析

表 5-14　消费和谐化态度支持度（Q2E2）的多维度全效应评价分析

系数ª				
模型	非标准化系数		标准系数	t	Sig.
	B	标准误差	试用版		
（常量）	10.309	6.277	—	1.642	0.101
Q2A	−4.400***	1.554	−2.806	−2.831	0.005

续　表

系数					
模型	非标准化系数		标准系数	t	Sig.
	B	标准误差	试用版		
Q2B	−1.230	1.601	−0.929	−0.768	0.443
Q2C	−0.658	1.910	−0.504	−0.345	0.730
Q2D	0.596	1.598	0.476	0.373	0.709
QAB	−0.133	0.096	−3.917	−1.391	0.165
QAC	−0.137	0.106	−3.834	−1.293	0.197
QAD	0.187***	0.070	5.652	2.656	0.008
QBC	0.771**	0.381	3.689	2.023	0.044
QBD	0.651*	0.388	3.152	1.679	0.094
QCD	−0.887	0.307	−4.647	−2.895	0.004
QABC	0.853*	0.442	4.018	1.931	0.054
QABD	0.249	0.477	1.354	0.521	0.602
QACD	−0.293	0.398	−1.536	−0.736	0.462
QBCD	−0.887***	0.307	−4.647	−2.895	0.004
a. 因变量: Q2E2					

表 5-14 消费和谐化态度支持度（Q2E2）的多维度全效应评价分析结果显示，消费评价的单维度、双维度、三维度全部混同交互发挥作用时，他们对于消费和谐化的态度支持度有如下影响：主效应中，个人效用评价强显著负相关于态度支持度（β=−4.400，p=0.005）；双维度交互作用效应中，个人效用评价与社会效益评价的交互作用与态度支持度呈强显著正相关性（β=0.187，p=0.008），经济效率评价与生态效应评价的交互作用与态度支持度呈较强显著正相关性（β=0.771，p=0.044），经济效率评价与社会效益评价的交互作用弱显著正相关于态度支持度（β=0.651，p=0.094），生态效应评价与社会效益评价的交互作用与态度支持度呈强显著负相关性（β=−0.887，p=0.004）；三维度交互效应主要表现为个人效用评价＊经济效率评价＊生态效应评价的交互作用弱显著相

关于态度支持度（β=0.853，p=0.054），经济效率评价＊生态效应评价＊社会效益评价的交互作用显著负相关于态度支持度（β=-0.887，p=0.004）。

这反映，在消费评价的单维度、双维度、三维度的全效应作用下，主效应中的个人效用评价越高，消费和谐化的态度支持度越低，意味着消费者对健康安全的消费要求越多，对消费和谐化的追求意愿越低。双维度交互效应在支持消费和谐化态度因变量中产生了较多影响，个人＊社会的交互作用、经济＊生态的交互作用、经济＊社会的交互作用越大，则消费和谐化的态度支持度越高，其相关系数大小依次为：经济＊生态>经济＊社会>个人＊社会。而三维度的交互作用主要通过个人＊经济＊生态的交互力量发挥支持消费和谐化态度的正向影响力，但是消费者在经济＊生态＊社会的交互作用变强时，全效应下的消费和谐化态度支持度反而下降。

与变量个人＊社会的交互作用、经济＊生态的交互作用、经济＊社会的交互作用和个人＊经济＊生态相关的研究假设 HAD.2、HBC.2、HBD.2 都得以全部或者部分支持成立。其中全部支持成立的研究假设是：QAD、QBC 显著正相关于 Q2E2；得以部分支持的研究假设为：QBD 和 QABC 显著正相关于 Q2E2。

三、行动支持度的多维度全效应分析

表 5-15　消费和谐化行动支持度（Q2E3）的多维度全效应评价分析

系数				
模型	非标准化系数		标准系数	t	Sig.
	B	标准误差	试用版		
（常量）	21.943***	6.699	—	3.276	0.001
Q2A	-6.239***	1.658	-3.662	-3.762	0.000
Q2B	-3.650**	1.708	-2.539	-2.137	0.033
Q2C	2.443	2.038	1.722	1.199	0.231

续　表

系数[a]					
模型	非标准化系数		标准系数	t	Sig.
	B	标准误差	试用版		
Q2D	-7.277***	1.706	-5.345	-4.267	0.000
QAB	0.134	0.102	3.637	1.315	0.189
QAC	-0.536***	0.113	-13.767	-4.727	0.000
QAD	0.132*	0.075	3.671	1.757	0.079
QBC	1.212***	0.407	5.333	2.978	0.003
QBD	-0.368	0.414	-1.640	-0.890	0.374
QCD	-0.474	0.327	-2.285	-1.450	0.148
QABC	2.380***	0.471	10.319	5.051	0.000
QABD	-0.727	0.509	-3.641	-1.428	0.154
QACD	1.591***	0.425	7.679	3.747	0.000
QBCD	-0.474	0.327	-2.285	-1.450	0.148

表 5-15 消费和谐化行动支持度（Q2E3）的多维度全效应评价分析结果显示，消费评价的单维度、双维度、三维度全部混同交互发挥作用时，他们对于消费和谐化的行动支持度有如下影响：首先有正的常数项，为 21.943；主效应中，个人效用评价强显著负相关于行动支持度（β=-6.239，p=0.000），经济效率评价较强显著负相关于行动支持度（β=-3.650，p=0.033），社会效益评价强显著负相关于行动支持度（β=-7.277，p=0.000）；双维度交互作用效应中，个人效用评价 * 生态效应评价的交互变量与行动支持度呈强显著负相关性（β=-0.536，p=0.000），经济效率评价 * 生态效应评价的交互变量与态度支持度呈强显著正相关性（β=1.212，p=0.003）；三维度交互效应主要表现为个人效用评价 * 经济效率评价 * 生态效应评价的交互变量强显著相关于行动支持度（β=2.380，p=0.000），个人效用评价 * 生态效应评价 * 社会效益评价的交互变量显著正相关于行动支持度（β=1.591，p=0.000）。

这反映，在消费评价的单维度、双维度、三维度的全效应作用下，主效应发挥影响的渠道较多，其中个人效用评价、经济效率评价、社会效益评价越高，消费和谐化的行动支持度越低，因此所有单维度评价对行动支持度的全效应作用对应的研究假设都不被支持。双维度交互效应中出现两种影响方式，一方面个人效用评价与生态效应评价的交互作用越大，行动支持度越小，对应的研究假设不成立；另一方面，经济效率评价与生态效应评价的交互作用越大，则消费和谐化的行动支持度越高。而三维度的交互作用主要通过个人效用评价与经济效率评价和生态效应评价的交互发挥着支持消费和谐化行动的正向影响力。

经济＊生态、个人＊经济＊生态和个人＊生态＊社会的交互变量均显著正相关于 Q2E3，相关的研究假设都得以全部或者部分支持成立。即支持成立的研究假设是：HBC.3、HABC.3 和 HACD.3

对消费和谐化认知支持度、态度支持度和行动支持度三个因变量进行的各种评价维度直接效应与交互效应检验，总体来看，有以下结论：（1）QBC 即资源节约、环境友好双维评价时，不仅与双维度下的三个支持度显著正相关，而且在多维度全效应下，也与态度支持度和行动支持度显著正相关。（2）QABC 不仅与三维度交互作用中的三个支持度显著正相关，而且在多维度全效应下，也正向或强或弱显著影响到态度支持度和行动支持度。（3）Q2D 不仅与单维度效应中的三个支持度显著正相关，而且在三维度交互效应下，也与认知支持度和态度支持度显著正相关。（4）QAD 不仅与双维度下的态度、行动支持度有显著正相关性，而且在多维度全效应下，与态度支持度显著正相关。（5）QACD 不仅与三维度下的行动支持度显著正相关，而且在多维度全效应下，也与行动支持度显著正相关。（6）Q2A 只在多维度全效应下，与态度支持度显著正相关，而与之对应的 Q2B、Q2C、Q2D 都在单维度下与三个支持度显著正相关。这些结论可以运用在消费和谐化进程中提供理论建议和政策实践。

6

多维评价体系的
人口变量调节效应分析

第一节　个人变量调节效应分析

每个消费者面临不同的消费环境，他们有不同的消费态度和消费行为，对消费观念也有不同的理解，因此下面将具有不同个体特征的消费者在消费和谐化多维评价中的调节效应进行探讨。

一、性别变量对消费和谐化支持度评价的调节效应

（一）比较不同性别的消费和谐化认知支持度调节效应

不同性别的消费者常常因为消费观念的差异表现出不同消费行为，这个差异不仅仅表现在消费理念上，也表现在消费态度和具体的消费行动上。表 6-1 为不同性别的消费者在个体效用评价、经济效率评价、生态效用评价和社会效益评价四个维度对消费和谐化认知支持度的调节效应分析。

表6-1 不同性别消费者认知支持度评价（Q2E1）的调节效应分析

系数 a						
模型		非标准化系数		标准系数	t	Sig.
		B	标准误差	试用版		
男	（常量）	1.460	0.474	—	3.079	0.002
	Q2A	−0.083	0.105	−0.052	-.789	0.431
	Q2B	0.198*	0.111	0.142	1.786	0.075
	Q2C	0.386***	0.109	0.282	3.535	0.000
	Q2D	0.193**	0.097	0.144	1.999	0.047
女	（常量）	1.004	0.275	—	3.652	0.000
	Q2A	0.123*	0.067	0.087	1.833	0.067
	Q2B	0.242***	0.065	0.213	3.736	0.000
	Q2C	0.221***	0.071	0.189	3.134	0.002
	Q2D	0.234***	0.060	0.205	3.909	0.000
a. 因变量: Q2E1						

由表6-1可知，对于男性消费者而言，消费生态效应评价（β=0.384，p=0.000）对消费和谐化认知度支持最为显著，而社会效益评价（β=0.193，p=0.047）、经济效率评价（β=0.198，p=0.075）也显示为显著的正相关系数，但是个人效用评价（β=−0.083，p=0.431）与消费和谐化认知支持度则没有明显的相关关系。对于女性消费者而言，不管是消费生态效应评价（β=0.221，p=0.002）、社会效益评价（β=0.234，p=0.000）、经济效率评价（β=0.242，p=0.000），还是个人效用评价（β=0.123，p=0.067）都对消费和谐化认知支持有显著的正相关关系。其中经济效率和社会效益评价维度对消费和谐化认知支持的调节效应非常显著，而生态效应和个人效用评价虽然也有显著的正相关关系，但调节效应系数明显下降。

进一步比较他们对消费和谐化的影响，还可以发现对于男性消费者而言，他们更关注消费的生态效应对消费和谐化的影响，其次是社会效益和经济效率，这反映了男性对于消费的社会资源分享合作共赢存有正面认识，对消费资源节约循环方面也有明显的认知支持度。而女性消费者则更多关注于消费的经济效率和社会效益对消费和谐化认知支持度的调节效应，其次才是生态效益和个人效用评价维度的调节作用。这反映出女性消费者更具有资源节约和社会闲置资源合作消费的相关消费观念，因此女性消费者的消费评价虽然在每个方面都倾向于对消费和谐化认知支持，但更强调经济效率和社会效应；男性消费者则更侧重于与环保概念对应的生态消费或者低碳消费对消费和谐化的影响。

（二）比较不同性别对态度支持度的调节效应

消费者对消费和谐化的理解是一个层进的过程，在表 6-1 中分析了消费者对消费和谐化问题认知支持度的调节效应，而表 6-2 则为消费者评价对消费和谐化态度认可支持度的调节效应。

在表 6-1 中，通过消费者的消费评价可知，消费者对于消费和谐化的认知基本上是从生态效应、社会效益、经济效率三个维度进行分析的。然而由表 6-2 可知，对于男性消费者而言，虽然他们从生态效应、社会效益、经济效率三个维度对消费和谐化有显著的认知支持度（见表 6-1），但是他们对于消费和谐化的态度支持度却呈现出不同的影响，其中生态效应评价（$\beta=0.510$，$p=0.000$）仍然对消费和谐化的认可支持存在非常显著的正相关调节效应，社会效益评价（$\beta=0.170$，$p=0.061$）也表现出显著的正相关调节效应，但是在经济效率（$p=0.136$）和个人效用维度方面（$p=0.169$）却没有对消费和谐化进行支持。这反映了男性消费者对于消费和谐化的态度认可支持主要是基于生态效应和经济效率两个方面展开，这可能与男性消费者更加喜欢从宏观层面来表达自己对于消费和谐化的理解有关。

表 6-2　不同性别消费者的态度支持度（Q2E2）评价的调节效应分析

系数[a]						
模型		非标准化系数		标准系数	t	Sig.
		B	标准误差	试用版		
男	(常量)	0.047	0.442	—	0.107	0.915
	Q2A	0.135	0.098	0.085	1.379	0.169
	Q2B	0.155	0.103	0.110	1.495	0.136
	Q2C	0.510***	0.102	0.373	5.012	0.000
	Q2D	0.170*	0.090	0.127	1.886	0.061
女	(常量)	-0.371	0.281	—	-1.320	0.187
	Q2A	0.172**	0.068	0.109	2.517	0.012
	Q2B	0.193***	0.066	0.153	2.929	0.004
	Q2C	0.381***	0.072	0.292	5.285	0.000
	Q2D	0.316***	0.061	0.248	5.166	0.000
a. 因变量: Q2E2						

而对于女性消费者而言，消费生态效应评价维度（β=0.381，p=0.000）、消费的社会效益评价维度（β=0.316，p=0.000）和经济效率评价维度（β=0.193，p=0.004）对消费和谐化的态度或认可支持度都呈现非常显著的正相关关系，而且女性消费者也从个人效用维度（β=0.172，p=0.012）对消费和谐化态度认可支持。因此，对于男性消费者或女性消费者而言，虽然他们都从不同评价维度对消费和谐化态度认可产生影响，但也存在显著差异，男性更注重生态效应和社会效益评价维度对消费和谐化的认可，其中生态效应评价维度对消费和谐化的认可程度更高（β=0.51）；而女性则从各个评价维度都体现为对消费和谐化认可支持，但是从生态效应（β=0.381）和社会效益（β=0.316）评价维度对消费和谐化认可的程度要高于经济效率（β=0.193）和个人效用（β=0.172）评价维度。

（三）比较不同性别对行动支持度评价的调节效应

不同性别消费者对消费评价与消费和谐化行动支持度的调节效应分析见表6-3所示。

表6-3 不同性别消费者对行动支持度（Q2E3）评价的调节效应分析

系数[a]					
模型		非标准化系数		标准系数	t	Sig.
		B	标准误差	试用版		
男	（常量）	−0.236	0.432	—	−0.546	0.585
	Q2A	0.068	0.096	0.042	0.713	0.477
	Q2B	0.186*	0.101	0.130	1.844	0.066
	Q2C	0.607***	0.099	0.434	6.107	0.000
	Q2D	0.170*	0.088	0.124	1.937	0.054
女	（常量）	−0.196	0.322	—	−0.610	0.542
	Q2A	0.051	0.078	0.030	0.651	0.516
	Q2B	0.092	0.076	0.066	1.214	0.226
	Q2C	0.585***	0.083	0.410	7.076	0.000
	Q2D	0.278***	0.070	0.200	3.965	0.000
a. 因变量: Q2E3						

由表6-3可知，男性消费者在消费和谐化行动支持度的生态效应评价上调节效应非常显著（β=0.607，p=0.000），社会效应评价（β=0.170，p=0.054）和经济效率评价（β=0.186，p=0.066）对消费和谐化行动支持度评价方面也存在显著调节效应。对女性消费者来说，生态效应（β=0.585，p=0.000）和社会效益（β=0.278，p=0.000）对消费和谐化的行动支持度评价调节效应非常显著，但是个人效用（β=0.051，p=0.516）和经济效率（β=0.092，p=0.226）评价维度则没有体现出对消费和谐化的行动支持。这说明了对于男性消费者而言，他们从生态效应、社会效益和经济效率等多评价维度体现对消费和谐化的行动支持度，而女性则主要是从生态效应

和社会效益评价维度显示对消费和谐化的行动支持，具体涉及经济效率和个人效用评价时，女性消费者并没有体现出对消费和谐化行动支持度的评价调节作用。此研究结果与男性行动力稍强的社会分工有一定吻合度。

（四）不同性别消费者对消费和谐化的总体支持度的比较

前面分别分析了不同性别消费者在个人效用、经济效率、生态效应、社会效益自变量评价维度对消费和谐化认知支持度、态度支持度、行动支持度三个因变量维度的调节效应。从实证分析结果可以看出，男性消费者在消费的生态效应评价维度对应的消费和谐化理念认知度、态度认可度以及行动认同度方面均存在非常显著的正向调节效应，其社会效益评价也对消费和谐化（认知支持度、态度认可支持度、行动认同支持度）存在显著调节效应，但是其经济效率评价则只是影响消费和谐化的认知支持度，而对消费和谐化的态度（认可）支持度和行动支持度的调节效应都不显著。男性消费者的个人效用评价对消费和谐化的三个支持维度都没有显著调节效应。

女性消费者则在个人效用评价、经济效率评价、生态效应评价和社会效益评价方面都对消费和谐化的认知支持度、态度认可支持度体现出明显的调节效应，对消费和谐化行动支持度的调节效应则主要体现于生态效应、社会效益评价维度上。这反映了女性消费者虽然从各个评价维度对消费和谐化的认知支持度和认可（态度）支持度存在显著调节效应，但在行动支持方面的个人效用评价和经济效用评价的调节效应并不显著。即一旦需要从行动上支持消费和谐化时，其可能会因为个人效用、经济效率等具体评价得失而放弃对消费和谐化的支持。

表6-4为不同性别消费者在个人效用评价、经济效率评价、生态效应

评价和社会效益评价方面对消费和谐化支持度调节效应的比较分析。其中女性在个人效用维度上的调节效应也许验证了艾瑞斯·维梅尔（Vermeir I）、维姆·韦贝克（Verbeke W）的观点：消费者参与可持续消费的意向态度很积极，但是购买行动很少，存有差距。

表6-4 比较不同性别消费者评价对各支持维度的调节效应

不同性别	消费和谐化支持维度（男）			消费和谐化支持维度（女）		
支持类别	认知支持	态度支持	行动支持	认知支持	态度支持	行动支持
个人效用	不支持	不支持	不支持	支持	支持	不支持
经济效率	支持	不支持	支持	支持	支持	不支持
生态效应	支持	支持	支持	支持	支持	支持
社会效益	支持	支持	支持	支持	支持	支持

二、年龄变量对消费和谐化支持度的调节效应

消费者消费评价对消费和谐化行动支持的影响也同样受到消费者的生活阅历影响，体现消费者生活阅历的一个重要变量就是消费者的年龄，下面就消费者年龄变量对消费和谐化的影响进行分析。

（一）不同年龄段消费者对认知支持度的调节效应

不同年龄段消费者的消费评价对消费和谐化认知支持度的影响见表6-5为所示。

表 6-5 不同年龄段消费者评价对认知支持度（Q2E1）的调节效应分析

系数[a]						
年龄		非标准化系数		标准系数	t	Sig.
		B	标准误差	试用版		
20岁以下	（常量）	1.378	0.950	—	1.451	0.153
	Q2A	-0.752***	0.239	-0.378	-3.154	0.003
	Q2B	0.671***	0.195	0.482	3.445	0.001
	Q2C	0.421**	0.162	0.329	2.598	0.012
	Q2D	0.335	0.379	0.149	0.883	0.382
21—30岁	（常量）	1.146**	0.454	—	2.525	0.012
	Q2A	0.022	0.102	0.015	0.220	0.826
	Q2B	0.144	0.118	0.109	1.225	0.222
	Q2C	0.382***	0.115	0.282	3.317	0.001
	Q2D	0.222*	0.116	0.167	1.909	0.058
31—40岁	（常量）	0.469	0.422	—	1.110	0.268
	Q2A	0.213**	0.105	0.127	2.032	0.043
	Q2B	0.012	0.095	0.010	0.132	0.895
	Q2C	0.347***	0.102	0.265	3.394	0.001
	Q2D	0.355***	0.090	0.272	3.957	0.000
41—50岁	（常量）	0.773**	0.352	—	2.198	0.029
	Q2A	0.018	0.081	0.012	0.216	0.829
	Q2B	0.358***	0.088	0.284	4.059	0.000
	Q2C	0.335***	0.094	0.263	3.557	0.000
	Q2D	0.154*	0.081	0.128	1.908	0.057
51—60岁	（常量）	3.700***	1.161	—	3.186	0.002
	Q2A	-0.884***	0.324	-0.355	-2.731	0.008
	Q2B	0.575**	0.165	0.454	3.490	0.001
	Q2C	0.170	0.234	0.114	0.726	0.471
	Q2D	0.420***	0.152	0.342	2.771	0.008

由表 6-5 可知，对于年龄为 20 岁以下的消费者，消费者在个人效用、经济效率和生态效应维度的评价对消费和谐化认知支持存在显著的调节效应。其中经济效率评价（β=0.671，p=0.001）和生态效应评价（β=0.421，p=0.012）对消费和谐化认知支持存在显著正相关效应，而个人效用评价

（β=-0.752，p=0.003）则对认知支持度具有显著的负相关调节效应。这说明20岁以下的消费者在健康安全、适度消费等相关意识和态度的评价中与消费和谐化的要求有一定背离，目前在他们的消费状况中很难理解消费安全健康等常识；不过他们在消费的性价比或者资源节约、环境保护等方面有所认知，对资源循环节约使用、生态环境低碳节能的评价与消费和谐化的认知支持度有比较显著的正相关调节效应，在社会分享合作消费方面的评价对认知支持度的调节效应不显著。

而在21—30岁这个年龄段，消费的生态效应评价（P=0.001）、社会效益评价（P=0.058）对消费和谐化的认知支持度存在较显著的正相关调节效应，经济效率评价和个人效用评价则没有直接发挥其对认知支持度的调节效应。

31—40岁年龄段消费者在消费时，其资源节约评价（经济效率维度）对消费和谐化认知支持度的调节效应不显著（P=0.895），但在协同合作消费的评价（生态效应维度）方面非常显著地调节着消费和谐化认知支持度（β=0.347，P=0.001）。他们对于消费的个人效用评价（β=0.213，P=0.043）和生态效应评价（β=0.213，P=0.043）也与消费和谐化的认知支持度存在显著正相关调节关系。

41—50岁年龄段的消费者在消费的经济效率评价和生态效应评价方面与消费和谐化认知支持度调节效应显著（P=0.000），相关系数分别为0.358和0.335。这体现了在41—50岁这个年龄阶段时，消费者对消费和谐化认知程度是从生态效应和社会效益以及经济效率维度进行评价的，而且他们在生态效应和社会效益评价方面对消费和谐化的认知支持有程度非常相近的调节效应。

51—60岁年龄段消费者在消费评价对消费和谐化支持度的调节效应方面，与其他年龄段稍有差异。他们在个人效用、经济效率和社会效益维度的评价对消费和谐化存在显著的调节效应，其中个人效用评价维度

（β=-0.884，P=0.008）对消费和谐化认知支持度为负相关调节关系，这与 20 岁以下的消费者调节作用有些相似，说明他们在个人效用水平方面的评价与消费和谐化的认知支持度相反，这可能源于消费者年龄太大或者太年轻时对健康安全消费的风险的负面感知性更强。

（二）不同年龄段消费者对态度支持度的调节效应

不同年龄段消费者的消费评价对消费和谐化态度支持度（Q2E2）的调节作用见表 6-6 所示。

表 6-6　不同年龄段消费者评价对态度支持度（Q2E2）的调节效应分析

系数a						
年龄		非标准系数		标准系数	t	Sig.
		B	标准误差	试用版		
20 岁以下	（常量）	0.828	0.814	—	1.017	0.314
	Q2A	-0.014	0.204	-0.009	-.071	0.944
	Q2B	0.438**	0.167	0.403	2.628	0.012
	Q2C	0.472**	0.139	0.472	3.401	0.001
	Q2D	-0.203	0.325	-0.115	-0.625	0.535
21—30 岁	（常量）	-0.357	0.420	—	-0.850	0.396
	Q2A	0.286***	0.094	0.192	3.041	0.003
	Q2B	0.076	0.109	0.057	0.699	0.485
	Q2C	0.395***	0.106	0.289	3.711	0.000
	Q2D	0.296***	0.107	0.220	2.756	0.006
31—40 岁	（常量）	-0.055	0.403	—	-0.136	0.892
	Q2A	0.084	0.100	0.049	0.840	0.402
	Q2B	0.026	0.090	0.020	0.288	0.774
	Q2C	0.555***	0.098	0.416	5.683	0.000
	Q2D	0.316***	0.086	0.238	3.690	0.000
41—50 岁	（常量）	-0.049	0.342	—	-0.142	0.887
	Q2A	0.147*	0.079	0.102	1.873	0.062
	Q2B	0.072	0.086	0.055	0.842	0.401
	Q2C	0.507***	0.091	0.385	5.547	0.000
	Q2D	0.290***	0.078	0.233	3.693	0.000

续　表

系数[a]					
年龄		非标准系数		标准系数	t	Sig.
		B	标准误差	试用版		
51—60 岁	（常量）	1.646	1.190	—	1.384	0.172
	Q2A	-0.492	0.332	-0.196	-1.484	0.143
	Q2B	0.553***	0.169	0.433	3.276	0.002
	Q2C	0.348	0.240	0.231	1.451	0.152
	Q2D	0.275*	0.155	0.222	1.773	0.082

由表 6-6 可知，20 岁以下的消费者中，他们在经济效率评价（β=0.438，P=0.001）和生态效应评价（β=0.472，P=0.012）方面与消费和谐化认可（态度）支持度之间存在显著的正相关调节关系。他们在个人效用评价（β=-0.014，P=0.944）和社会效益评价（β=-0.203，P=0.535）方面都没有显示出对消费和谐化态度支持度的调节效应。

21—30 岁这个年龄段消费者的生态效应评价得分与他们对消费和谐化的态度支持度息息相关（β=0.395，P=0.000），同时他们在个人消费效用评价和社会资源共享效益的评价上，均以近 0.3 的正相关调节系数影响着消费和谐化态度支持度，P 值分别为 0.003 和 0.006，表现出非常显著的正相关性。

31—40 岁年龄段的消费者虽然在生态消费评价上的认知有限，但他们在消费的生态效应评价（β=0.555，P=0.000）和社会效益评价（β=0.316，P=0.000）方面与消费和谐化态度支持度呈强显著正相关的调节效应。

41—50 岁年龄段的消费者，其对和谐消费态度支持度与消费的生态效应评价（β=0.507，P=0.000）和社会效益评价（β=0.290，P=0.000）有显著的正向调节效应，消费的生态效应评价调节系数高于社会效益评价因子。这个年龄段的消费者在消费的个人效用评价方面也正向调节着消费和谐化的态度支持度。

51—60 岁消费者的和谐消费态度支持度与消费的经济效率评价和消

费的社会效益评价存在正相关调节关系，而且在资源节约对应的经济效率评价方面具有明显高于其他评价维度的调节效应。

（三）不同年龄段消费者对消费和谐化行动支持度的调节效应

不同年龄段消费者的消费评价对消费和谐化行动支持度的调节效应如表 6-7 所示。

表 6-7 不同年龄段消费者对行动支持度（Q2E3）评价的调节效应

系数^a						
年龄		非标准化系数		标准系数	t	Sig.
		B	标准误差	试用版		
20 岁以下	（常量）	0.781	0.843	—	0.927	0.359
	Q2A	−0.500**	0.212	−0.270	−2.360	0.022
	Q2B	0.671***	0.173	0.519	3.882	0.000
	Q2C	0.446**	0.144	0.376	3.105	0.003
	Q2D	0.163	0.337	0.078	0.485	0.630
21—30 岁	（常量）	−0.509	0.444	—	−1.146	0.253
	Q2A	0.163	0.100	0.103	1.638	0.103
	Q2B	0.117	0.115	0.082	1.016	0.311
	Q2C	0.479***	0.113	0.331	4.259	0.000
	Q2D	0.320**	0.114	0.224	2.813	0.005
31—40 岁	（常量）	−0.199	0.411	—	−0.485	0.628
	Q2A	0.155	0.102	0.088	1.525	0.129
	Q2B	−0.040	0.092	−0.030	−0.431	0.667
	Q2C	0.796***	0.099	0.579	8.013	0.000
	Q2D	0.074	0.087	0.054	0.847	0.384
41—50 岁	（常量）	0.747*	0.395	—	1.893	0.059
	Q2A	−0.095	0.091	−0.060	−1.039	0.300
	Q2B	−0.024	0.099	−0.017	−0.240	0.810
	Q2C	0.582***	0.106	0.410	5.517	0.000
	Q2D	0.378	0.091	0.281	4.171	0.000
51—60 岁	（常量）	0.683	1.182	—	0.578	0.566
	Q2A	0.011	0.330	0.005	0.034	0.973
	Q2B	0.300*	0.168	0.258	1.790	0.079
	Q2C	0.330	0.238	0.240	1.383	0.172
	Q2D	0.227	0.154	0.201	1.470	0.147

表 6-7 数据处理结果显示，20 岁以下消费者的生态消费和合作消费评价对消费和谐化的行动支持度有显著调节效应，但是他们在消费的个人效用评价方面，可能因为太麻烦、不愿费时耗力耗神等而对消费和谐化行动支持呈现负相关。消费的生态效应评价（$\beta=0.479$，$P=0.000$）依旧是影响 21—30 岁消费者参与并带动消费和谐化行动的主导因素，同时，有关合作消费等社会效益评价因子也对消费和谐化的行动支持度存在显著调节效应，反映在 21—30 岁年龄段，主要从消费者的生态效应与社会效益评价方面展示对消费和谐化行动支持的调节作用。31—40 岁年龄段的消费者，主要是通过消费的生态效应评价（$\beta=0.796$，$P=0.000$）来正向调节消费和谐化的行动。与 31—40 岁年龄段的消费者回归结果相似，41—50 岁年龄段消费者的生态效应评价对消费和谐化的行动支持度也有显著正相关调节关系。51—60 岁这个年龄层的消费者对于资源的充分利用性可能更在意，不论是个人资源的多次重复使用，还是社会资源的交换分享，他们都以这两个重要评价维度带动消费和谐化行动力的进程。

（四）不同年龄段消费者对消费和谐化支持度的调节效应比较

不同年龄段消费者对消费和谐化在认知、态度认可和行动认同支持上有不同的调节效应。表 6-8 为不同年龄段消费者从个人效用评价、经济效率评价、生态效应评价和社会效益评价维度对消费和谐化认知支持度、态度或者认可支持度、行动支持度三个维度具有的调节效应。

表6-8　不同年龄段对支持度评价的调节效应比较

消费和谐化支持维度				
年龄		认知支持	态度支持	行动支持
20岁以下	（常量）			
	Q2A	***		**
	Q2B	***	**	***
	Q2C	**	***	***
	Q2D			
21—30岁	（常量）	**		
	Q2A		***	
	Q2B			
	Q2C	***	***	***
	Q2D	*	***	***
31—40岁	（常量）			
	Q2A	**		
	Q2B			
	Q2C	***	***	***
	Q2D	***	***	
41—50岁	（常量）	**		*
	Q2A		*	
	Q2B	***		
	Q2C	***	***	***
	Q2D	*	***	***
51—60岁	（常量）	***		
	Q2A	***		
	Q2B	***	***	*
	Q2C			
	Q2D	***	*	

由表6-8可知，在支持消费和谐化的进程中，不同年龄段的消费者在生态效应评价方面的调节效应有一定的共性，大多数情况下，他们在生态效应方面的评价越高，对消费和谐化的各方面支持度也就越高。另外，他们在消费的经济效率评价和社会效益评价方面有一定的趋同性，如果对消费和谐化的各相关支持度存在相关性，基本都是正相关。有所分歧的是消

费的个人效用评价，可能因为存在对健康安全消费代价看法的差异，20岁以下的消费者和51—60年龄段的消费者在消费的个人效用评价方面得分越低，越有利于他们支持消费和谐化进程。相比较而言，决定不同年龄段的消费者对消费和谐化总体支持度的权重，更多缘于他们对消费和谐化认知支持度的状况。这也说明，正确精准地评价消费四维度，正是提高消费和谐化的认知支持度，进而提高态度支持度，再进一步提升行动支持度的重要前提条件。

三、个人月收入变量对消费和谐化支持度评价的调节效应

（一）个人月收入变量对认知支持度评价的调节效应

运用 Spss 软件，对不同个人月收入段的消费者的四个评价维度数据与认知支持度的因变量进行回归分析，得到表 6-9。

表 6-9　不同个人月收入消费者对认知支持度（Q2E1）评价的调节效应分析

模型		系数[a]				
		非标准化系数		准系数	t	Sig.
		B	标准误差	试用版		
3000元及以下	（常量）	1.766***	0.420	—	4.201	0.000
	Q2A	-0.221**	0.102	-0.155	-2.171	0.031
	Q2B	0.260***	0.097	0.227	2.682	0.008
	Q2C	0.411***	0.104	0.337	3.941	0.000
	Q2D	0.173*	0.099	0.137	1.750	0.082
3001~6000元	（常量）	1.146***	0.454	—	2.525	0.012
	Q2A	0.022	0.102	0.015	0.220	0.826
	Q2B	0.144	0.118	0.109	1.225	0.222
	Q2C	0.382***	0.115	0.282	3.317	0.001
	Q2D	0.222*	0.116	0.167	1.909	0.058

续 表

模型		非标准化系数		准系数	t	Sig.
		B	标准误差	试用版		
6001~9000元	(常量)	0.469	0.422	—	1.110	0.268
	Q2A	0.213**	0.105	0.127	2.032	0.043
	Q2B	0.012	0.095	0.010	0.132	0.895
	Q2C	0.347***	0.102	0.265	3.394	0.001
	Q2D	0.355***	0.090	0.272	3.957	0.000
9001~12000元	(常量)	0.773**	0.352	—	2.198	0.029
	Q2A	0.018	0.081	0.012	0.216	0.829
	Q2B	0.358***	0.088	0.284	4.059	0.000
	Q2C	0.335***	0.094	0.263	3.557	0.000
	Q2D	0.154*	0.081	0.128	1.908	0.057
12001~15000元	(常量)	−0.543	1.200	—	−0.452	0.654
	Q2A	0.124	0.266	0.079	0.467	0.643
	Q2B	0.082	0.324	0.051	0.252	0.802
	Q2C	0.375	0.313	0.254	1.198	0.239
	Q2D	0.544**	0.241	0.355	2.257	0.031
15001~18000元	(常量)	2.958	1.825	—	1.621	0.129
	Q2A	−0.429	0.433	−0.233	−0.990	0.340
	Q2B	0.610*	0.297	0.552	2.055	0.061
	Q2C	0.132	0.279	0.120	0.474	0.644
	Q2D	0.082	0.261	0.088	0.313	0.760
18001元及以上	(常量)	−0.554	1.540	—	−0.360	0.723
	Q2A	0.702*	0.380	0.379	1.844	0.082
	Q2B	0.342	0.346	0.257	0.987	0.337
	Q2C	−0.104	0.339	−0.081	−0.307	0.762
	Q2D	0.256	0.264	0.216	0.969	0.345
12001元及以上	(常量)	0.571	1.149	—	0.497	0.622
	Q2A	0.328	0.276	0.182	1.189	0.242
	Q2B**	0.453**	0.222	0.364	2.037	0.049
	Q2C	−0.072	0.215	−0.059	−0.334	0.740
	Q2D	0.207	0.184	0.193	1.126	0.267

系数ᵃ

如表6–9所示，不同个人月收入水平与消费和谐化认知支持度评价的调节效应说明如下。

3000元及以下个人月收入水平的消费者对消费和谐化的健康安全评价与消费和谐化认知支持度为较强显著负相关调节效应（β=0.221，p=0.031），也就是说他们对于个人效用评价越低，或者说需要为健康安全付出的代价越低，就越能理解和支持消费和谐化。消费者在经济效率维度的评价（β=0.260，p=0.008）与认知支持度呈显著正相关调节关系，在生态效应维度的评价（β=0.411，p=0.000）也为显著正相关调节着认知支持度。同时，该年龄段的消费者在社会分享效益方面的评价也弱显著地正向调节着认知支持度（β=0.173，p=0.082）。简而言之，3000元及以下个人月收入水平的消费者在消费的个人效用上评价越低，在经济效率和生态效应及社会效益三个评价维度上评分越高，则对于理解支持消费和谐化更有利。

3001~6000元个人月收入水平的消费者对于消费和谐化的认知支持度主要从两个评价维度发挥正向调节效应，一个是生态效应评价维度的强显著正相关调节（β=0.382，p=0.001），另一个就是社会效益评价维度的弱显著正相关调节（β=0.222，p=0.058）。也可以理解为，当3001~6000元及以下个人月收入水平的消费者对于生态效应的评价越高，他们对理解支持消费和谐化进程就越有兴趣；同样，他们如果在社会效益的消费方面评价越高，认知支持度也越高。

6001~9000元月收入水平的消费者在经济效率维度评价（β=0.213，p=0.000）和生态效应维度评价（β=0.347，p=0.000）与认知支持度呈显著正相关调节效应。同时，该年龄段的消费者在社会分享效益方面的评价也弱显著地正向调节着认知支持度（β=0.355，p=0.057）。这个收入段的消费者可以从三个评价维度调节认知支持度。其一是个人效用评价，他们在消费的个人效用方面评价越高，则对认知支持度的调节效应越高；其二是生态效应评价维度，如果得分更高，则越支持消费和谐化理念；其三为社会效益的评价维度，同样如果评分越高，认知支持度越高。

9001~12000 元月收入水平的消费者在经济效率维度的评价（β=0.358，p=0.000）和生态效应维度的评价（β=0.335，p=0.000）方面与认知支持度存在非常显著正相关调节关系。同时，在社会分享效益方面的评价也正向调节着认知支持度（β=0.154，p=0.057）。他们的个人效用评价与认知支持度为反向调节，说明个人效用评价越低，认知支持度更高。

12001~15000 元月收入水平的消费者在社会效益方面的评价越高，消费和谐化的认知支持度越高，也可以理解为他们的消费调节作用更多在于是否可以发挥社会效益。消费的社会效益评价维度正向较强显著调节着认知支持度（β=0.544，p=0.031）。

12001 元及以上月收入水平消费者的认知支持度主要受经济维度调节，系数为 0.453。将此样本段继续扩大到 12001~18001 元及以上个人月收入段，可以看出，消费者对消费和谐化认知支持度的主要调节渠道还是消费的经济效率评价维度（β=0.453，p=0.049）。也就是说，在个人月收入超过 12000 元以后，返璞归真的消费评价更有利于消费者认知消费和谐化的趋势和规律。

总体来看，在对消费和谐化的认知支持度评价调节方面，不同收入段消费者的关注因素各有侧重。比较而言，个人月收入在 3000 元及以下的消费者和个人月收入在 9001~12000 元的消费者可以通过消费评价的经济效率、生态效应和社会效益三个维度正向调节到认知支持度，其个人效用评价维度却会反向调节到认知支持度，且他们都有一定的支持度起点。而月收入在 12001 元以上的消费者大样本数据侧重于以消费的经济效率评价维度正向调节认知支持度，在此收入段内部各小样本段却各有特色。其中 12001~15000 元月收入水平的消费者更倾向以消费的社会效益评价维度来正向提升认知支持度，而 18001 元及以上月收入水平的消费者倾向调节维度主要是个人效用评价维度。3001~6000 元和 6001~9000 元月收入水平的消费者主要通过消费的生态效应和社会效益正向调节到认知支持度。除此，前者还有一个正常数截距项的影响力量，而后者另有消费的经济效率评价维度辅助，因为在正向调节认知支持度方面，消费的生态资源和社会资源评价维度的相关检验为强显著正相关调节效应（p=0.001，P=0.000），而经济资源的评价维度相关检验只是较强显著调节效应（p=0.043）。

（二）个人月收入变量对态度支持度的调节效应

表 6-10 不同个人月收入消费者评价对态度支持度（Q2E2）的调节效应分析

系数ª					
模型		非标准化系		标准系数	t	Sig.
		B	标准误差	试用版		
3000元及以下	（常量）	0.325	0.390	—	0.833	0.406
	Q2A	0.030	0.094	0.021	0.319	0.750
	Q2B	0.259***	0.090	0.229	2.883	0.004
	Q2C	0.413***	0.097	0.343	4.272	0.000
	Q2D	0.164*	0.092	0.132	1.791	0.075
3001~6000元	（常量）	−0.357	0.420	—	−0.850	0.396
	Q2A	0.286***	0.094	0.192	3.041	0.003
	Q2B	0.076	0.109	0.057	0.699	0.485
	Q2C	0.395***	0.106	0.289	3.711	0.000
	Q2D	0.296***	0.107	0.220	2.756	0.006
6001~9000元	（常量）	−0.055	0.403	—	−0.136	0.892
	Q2A	0.084	0.100	0.049	0.840	0.402
	Q2B	0.026	0.090	0.020	0.288	0.774
	Q2C	0.555***	0.098	0.416	5.683	0.000
	Q2D	0.316***	0.086	0.238	3.690	0.000

续　表

模型		非标准化系		标准系数	t	Sig.
		B	标准误差	试用版		
9001~12000元	(常量)	-0.159	0.680	—	-0.234	0.815
	Q2A	0.064	0.154	0.036	0.416	0.678
	Q2B	0.306**	0.141	0.243	2.170	0.032
	Q2C	0.413**	0.179	0.277	2.309	0.023
	Q2D	0.223*	0.127	0.191	1.756	0.082
12001~15000元	(常量)	1.646	1.190	—	1.384	0.172
	Q2A	-0.492	0.332	-0.196	-1.484	0.143
	Q2B	0.553***	0.169	0.433	3.276	0.002
	Q2C	0.348	0.240	0.231	1.451	0.152
	Q2D	0.275*	0.155	0.222	1.773	0.082
15001~18000元 + 12001~15000元	(常量)	0.919	1.579	—	0.582	0.571
	Q2A	0.047	0.375	0.026	0.127	0.901
	Q2B	-0.150	0.257	-0.138	-0.583	0.570
	Q2C	0.767***	0.242	0.709	3.175	0.007
	Q2D	0.111	0.226	0.122	0.490	0.632
18001元及以上	(常量)	-0.202	1.554	—	-0.130	0.898
	Q2A	0.123	0.384	0.064	0.319	0.753
	Q2B	0.347	0.349	0.254	0.992	0.334
	Q2C	0.356	0.342	0.268	1.040	0.312
	Q2D	0.247	0.266	0.203	0.927	0.366
12001元及以上	(常量)	0.221	1.078	—	0.205	0.839
	Q2A	0.122	0.259	0.067	0.472	0.640
	Q2B	0.084	0.209	0.066	0.400	0.691
	Q2C	0.598**	0.202	0.482	2.959	0.005

表6-10为不同个人月收入水平消费者的消费评价对消费和谐化态度支持度的调节效应分析。回归结果显示，3000元及以下个人月收入水平的消费者在消费评价的经济维度、生态维度和社会维度均能正向调节到态度支持度。其中生态效应评价、经济效率评价、社会效益评价对消费和谐化态度支持的调节系数程度不一样，以生态效应评价系数最大（β=0.413），其次

是经济效率评价（β=0.259），最后是社会效益评价（β=0.164）。

　　3001~6000元个人月收入水平的消费者分别从个人效用评价（β=0.286，p=0.003）、生态效应评价（β=0.395，p=0.000）和社会效益评价（β=0.296，p=0.006）三个维度对消费和谐化的态度支持发挥调节效应。6001~9000元月收入水平的消费者则主要从生态维度评价（β=0.555，p=0.000）和社会维度评价（β=0.316，p=0.000）调节因变量。

　　9001~12000元月收入水平的消费者在经济效率评价（β=0.306，p=0.032）、生态效应评价（β=0.413，p=0.023）和社会效益评价（β=0.223，p=0.082）三个维度对消费和谐化态度支持度发挥显著正相关调节作用，且调节系数为生态效应评价维度大于经济维度，更高于社会维度。而且月收入高于10000元的消费者基本上都是从生态效应维度、社会效益维度、经济效率维度对消费和谐化态度支持产生显著调节作用，都表现为正向支持。

　　总体来看，3000元及以下个人月收入水平的消费者和12000元以下另三个收入段的消费者在消费评价上对消费和谐化态度支持的调节效应基本相似，主要是生态维度和社会维度都正向调节到态度支持度，且通常为生态效应评价维度调节系数高于社会效益评价维度。不同之处在于，个人月收入水平在3000元及以下的消费者和月收入水平在9001~12000元的消费者相似，都有一个正向调节维度为经济效率评价维度，影响系数后者均高于前者。而3001~6000元个人月收入水平的消费者发挥调节作用的另一个维度为个人效用评价维度；6001~9000元月收入水平的消费者只有生态和社会两个评价维度发挥显著正向调节作用。12001元及以上月收入水平的消费者三个年龄段合并后，影响态度支持度的主要调节因素为生态维度，且系数稍小于仅合并两个收入段的消费者生态评价调节系数。但仅仅考虑12001~15000元月收入水平的消费者，则在个人资源消费对应的经济维度和社会资源消费对应的社会维度存有正向调节力。

（三）个人月收入变量对行动支持度的调节效应

表 6-11　不同个人月收入消费者评价对行动支持度（Q2E3）
的调节效应分析

系数[a]					
模型		非标准化系数		标准系数	t	Sig.
		B	标准误差	试用版		
3000元及以下	（常量）	0.073	0.396	—	0.185	0.854
	Q2A	−0.117	0.096	−0.078	−1.221	0.224
	Q2B	0.193**	0.091	0.159	2.112	0.036
	Q2C	0.575***	0.098	0.446	5.849	0.000
	Q2D	0.276***	0.093	0.207	2.967	0.003
3001～6000元	（常量）	−0.509	0.444	—	−1.146	0.253
	Q2A	0.163	0.100	0.103	1.638	0.103
	Q2B	0.117	0.115	0.082	1.016	0.311
	Q2C	0.479***	0.113	0.331	4.259	0.000
	Q2D	0.320**	0.114	0.224	2.813	0.005
6001～9000元	（常量）	−0.316	0.389	—	−0.812	0.417
	Q2A	0.084	0.092	0.049	0.911	0.363
	Q2B	0.097	0.098	0.065	0.980	0.328
	Q2C	0.618***	0.100	0.424	6.191	0.000
	Q2D	0.250**	0.089	0.169	2.800	0.005
9001～12000元	（常量）	−0.120	0.817	—	−0.147	0.883
	Q2A	0.213	0.185	0.111	1.152	0.252
	Q2B	0.118	0.169	0.086	0.698	0.487
	Q2C	0.611***	0.215	0.379	2.845	0.005
	Q2D	0.041	0.153	0.032	0.266	0.791
12001～15000元	（常量）	0.858	1.882	—	0.456	0.661
	Q2A	−0.024	0.524	−0.011	−0.046	0.965
	Q2B	−0.326	0.304	−0.281	−1.071	0.316
	Q2C	1.076**	0.351	0.849	3.066	0.015
	Q2D	0.116	0.344	0.102	0.338	0.744

续　表

系数[a]						
模型		非标准化系数		标准系数	t	Sig.
		B	标准误差	试用版		
15001~18000元 + 12001~15000元	(常量)	2.238	1.936	—	1.156	0.269
	Q2A	−0.476	0.460	−0.214	−1.036	0.319
	Q2B	−0.262	0.315	−0.196	−0.832	0.420
	Q2C	0.953***	0.296	0.714	3.218	0.007
	Q2D	0.304	0.277	0.272	1.099	0.292
18001元及以上	(常量)	−1.337	1.482	—	−0.902	0.379
	Q2A	0.158	0.366	0.077	0.431	0.672
	Q2B	0.648*	0.333	0.439	1.945	0.068
	Q2C	0.166	0.326	0.116	0.509	0.617
	Q2D	0.357	0.254	0.272	1.405	0.177
12001元及以上	(常量)	−0.262	1.179	—	−0.222	0.825
	Q2A	0.026	0.283	0.013	0.092	0.927
	Q2B	0.180	0.228	0.127	0.788	0.436
	Q2C	0.594**	0.221	0.426	2.693	0.011
	Q2D	0.279	0.189	0.228	1.474	0.149

表6-11为不同个人月收入水平下消费者的评价对消费和谐化行动支持度的调节效应分析。3000元及以下个人月收入水平的消费者的经济效率维度（β=0.193，p=0.036）、生态效应维度（β=0.575，p=0.000）和社会效益维度（β=0.276，p=0.003）均与行动支持度有正相关调节关系。也就是说，这三个维度中任一或者几个消费评价有所增加，则该收入段消费者行动支持度也会增加。

3001~9000元个人月收入水平的消费者则在生态效应维度（β=0.479，p=0.000）和社会效益维度（β=0.320，p=0.005）两方面显著作用到行动支持度。当消费者对消费的生态效应评价或者社会效益评价有所上升时，行动支持度也会有所增加。

　　9001~18000 元月收入水平的消费者在行动支持度方面发挥调节作用的主要影响因素是生态效应评价（β=0.611，p=0.005）。增加消费者关于生态维度的评价，可以提高其对消费和谐化的行动支持度。

　　比较可知，不同收入段的消费者在支持消费和谐化方面表现为：首先，主要受生态效应评价（Q2C）的正向作用；其次，社会效益评价指标还在部分收入段群体的行动支持度中也发挥着重要的正向作用。他们对应的调节系数有如下规律：3001~6000 元个人月收入水平的消费者高于 3000 元及以下个人月收入水平的消费者，更高于 6001~9000 元月收入水平的消费者；再次，经济效率的评价维度也受部分收入群体的调节效应作用，既单独被 18001 元及以上月收入水平的消费者调节，也与生态维度和社会维度共同被 3000 元及以下个人月收入水平的消费者调节。调节系数大小为，18001 元及以上月收入水平的消费者高于 3000 元及以下个人月收入水平的消费者。他们还有一个明显的共同点，不同收入属性的消费者消费评价似乎没有通过个人维度对行动支持度产生相应的调节效应。

第二节　家庭变量调节效应分析

一、婚姻变量对消费和谐化支持度的调节效应

（一）不同婚姻状况的消费者对认知支持度的调节效应

表6-12　不同婚姻状况消费者评价对认知支持度（Q2E1）的调节效应分析

系数[a]						
模型		非标准化系数		标准系数	t	Sig.
		B	标准误差	试用版		
已婚	（常量）	1.421***	0.283	—	5.029	0.000
	Q2A	0.059	0.065	0.040	0.900	0.369
	Q2B	0.189**	0.066	0.158	2.870	0.004
	Q2C	0.252***	0.070	0.205	3.570	0.000
	Q2D	0.222***	0.058	0.192	3.826	0.000
未婚	（常量）	0.723	0.444	—	1.628	0.106
	Q2A	-0.227**	0.111	-0.139	-2.045	0.042
	Q2B	0.121	0.118	0.091	1.028	0.306
	Q2C	0.597***	0.107	0.454	5.589	0.000
	Q2D	0.387**	0.125	0.268	3.093	0.002

如表 6-12 所示，不同婚姻状况消费者的消费评价对于消费和谐化认知支持度存在显著调节效应。已婚消费者在消费经济效率、生态效应和社会效益三方面的评价对消费和谐化认知支持度存在显著调节效应。消费的资源节约利用、循环再生等评价给已婚群体的消费和谐化认知支持度带来正能量。唯独在消费的个人效用评价（Q2A）方面，没有体现出与消费和谐化认知支持度的相关性。未婚消费者的和谐消费认知支持度受三维度调节，其中与消费的生态效应评价最强正关联（P=0.000），相关系数接近 0.6；与消费社会效益评价也呈较强相关度（P=0.002），相关系数接近 0.4；但是在消费个人效用评价方面的数据处理结果显示，为获得健康安全消费所付出的成本越低、代价越少，他们对消费和谐化认知的支持度可能越高。相比较而言，已婚群体对消费和谐化的认知整体情况良好，同时对消费的资源节约、环境友好和社会福利维度更有共识，而未婚群体在消费的生态效应评价方面的调节系数更集中、更强大。

（二）不同婚姻状况的消费者对消费和谐化态度支持度的调节效应

表 6-13　不同婚姻状况消费者评价对态度支持度（Q2E2）的调节效应分析

系数[a]						
模型		非标准化系数		标准系数	t	Sig.
		B	标准误差	试用版		
已婚	（常量）	1.421***	0.283	—	5.029	0.000
	Q2A	0.059	0.065	0.040	0.900	0.369
	Q2B	0.189**	0.066	0.158	2.870	0.004
	Q2C	0.252***	0.070	0.205	3.570	0.000
	Q2D	0.222***	0.058	0.192	3.826	0.000
未婚	（常量）	0.723	0.444	—	1.628	0.106
	Q2A	−0.227**	0.111	−0.139	−2.045	0.042
	Q2B	0.121	0.118	0.091	1.028	0.306
	Q2C	0.597***	0.107	0.454	5.589	0.000
	Q2D	0.387**	0.125	0.268	3.093	0.002

表 6-13 为不同婚姻状况消费者的消费评价对于消费和谐化态度支持度 (Q2E2) 的调节效应。首先就已婚群体的消费和谐化态度支持度本身的调节因子而言，消费的个人层面、经济层面、生态层面和社会层面评价均发挥重要调节效应，尤其是消费的生态效应评价（β=0.420，p=0.000）和社会效益评价（β=0.327，p=0.000）与消费和谐化的态度支持度呈显著的正相关性。未婚消费者的和谐消费态度支持度（Q2E2）受消费的生态效应显著正向调节（β=0.611，P=0.000）。两大婚姻状况群体在消费和谐化认知度方面的特征相似，已婚群体对消费和谐化的态度支持来自消费评价的方方面面，基本均衡并达成共识；而未婚群体对于消费和谐化的态度支持主要取决于他们对于消费的生态效应评价，相关程度也比较高。

（三）比较不同婚姻状况的消费者对消费和谐化行动支持度的调节效应

表 6-14　不同婚姻状况消费者评价对行动支持度 (Q2E3) 的调节效应分析

系数[a]					
模型		非标准化系		标准系数	t	Sig.
		B	标准误差	试用版		
已婚	（常量）	−0.366	0.297	—	−1.234	0.218
	Q2A	0.055	0.068	0.032	0.806	0.421
	Q2B	0.128*	0.069	0.090	1.843	0.066
	Q2C	0.640***	0.074	0.441	8.647	0.000
	Q2D	0.230***	0.061	0.168	3.773	0.000
未婚	（常量）	0.538	0.477	—	1.128	0.261
	Q2A	−0.056	0.119	−0.034	−0.468	0.641
	Q2B	−0.038	0.127	−0.028	−0.298	0.766
	Q2C	0.643***	0.115	0.491	5.606	0.000
	Q2D	0.276**	0.135	0.192	2.049	0.042

如表 6-14 不同婚姻状况的消费者和谐消费行动支持度评价的调节效应分析结果所示：已婚消费者主要从消费经济效率、生态效应和社会效益三维度的评价对消费和谐化认知支持度发挥调节效应，而生态效应和社会效益对消费和谐化的认知支持度存在显著的正调节效应（P=0.000）；唯独在 Q2A（消费的个人效用评价）方面，没有体现出与消费和谐化认知支持度的调节效应的相关性。未婚消费者的和谐消费行动支持度与已婚消费者一样，主要受生态效应评价和社会效益评价维度的调节。相比较而言，不论是已婚还是未婚，在对消费和谐化行动支持度的调节效应因素中，生态效应评价维度的权重都超过了 0.6，且有强显著性；社会效益方面的评价因子调节系数居其次，都超过 0.2。区别在于已婚消费者还可以从消费的经济效率评价来调节到消费和谐化行动支持度，未婚群体在消费的资源节约方面没有发挥对消费和谐化行动支持力的调节效应。

总体来看，就不同婚姻状况的消费者而言，已婚消费者对于消费和谐化各层次支持度的自变量因子调节维度更多元、更均衡，而未婚群体则更集中在生态消费效应维度。同时，研究结果反映，消费的生态效应评价在大多数群体中都是特别有正相关性调节效应的作用因素，该结果值得进一步细分剖析。

二、家庭收入变量对消费和谐化支持度的调节效应

（一）不同家庭月收入的消费者对认知支持度的调节效应

表 6-15　不同家庭月收入消费者评价

对消费和谐化认知支持度（Q2E1）的调节效应

系数ᵃ					
模型		标准化系数		标准系数	t	Sig.
		B	标准误差	试用版		
5000元及以下	（常量）	−0.115	0.598	—	−0.192	0.849
	Q2A	−0.257*	0.147	−0.163	−1.750	0.084
	Q2B	0.311**	0.148	0.236	2.110	0.038
	Q2C	0.309**	0.130	0.247	2.375	0.020
	Q2D	0.723***	0.171	0.440	4.227	0.000
5001～10000元	（常量）	1.319***	0.408	—	3.233	0.001
	Q2A	−0.155	0.096	−0.102	−1.612	0.108
	Q2B	0.181*	0.099	0.138	1.836	0.068
	Q2C	0.539***	0.113	0.393	4.762	0.000
	Q2D	0.174*	0.092	0.137	1.899	0.059
10001～20000元	（常量）	0.300	0.417	—	0.720	0.473
	Q2A	0.327***	0.097	0.229	3.376	0.001
	Q2B	0.408***	0.103	0.341	3.950	0.000
	Q2C	0.043	0.116	0.035	0.370	0.712
	Q2D	0.175*	0.092	0.150	1.895	0.060
20001～30000元	（常量）	2.196*	1.257	—	1.747	0.087
	Q2A	−0.164	0.309	−0.081	−0.529	0.599
	Q2B	0.299	0.209	0.241	1.433	0.158
	Q2C	0.217	0.229	0.165	0.947	0.348
	Q2D	0.206	0.200	0.161	1.026	0.310
30001～40000元	（常量）	−2.421*	1.306	—	−1.853	0.085
	Q2A	0.503	0.406	0.242	1.238	0.236
	Q2B	0.649***	0.202	0.519	3.206	0.006
	Q2C	0.172	0.278	0.099	0.618	0.546
	Q2D	0.311	0.236	0.240	1.316	0.209
40001元及以上	（常量）	1.029	1.161	—	0.886	0.385
	Q2A	0.283	0.279	0.189	1.015	0.321
	Q2B	0.596*	0.344	0.593	1.733	0.096
	Q2C	−0.156	0.254	−0.170	−0.616	0.544
	Q2D	0.093	0.254	0.085	0.367	0.717

由表 6-15 所示，在 5000 元及以下家庭月收入的消费者中，其消费和谐化认知支持主要从他们的经济效率评价（β=0.181，p=0.068）、生态效应评价（β=0.539，p=0.000）和社会效益评价（β=0.174，p=0.059）三维度发挥调节效应，他们与消费和谐化认知支持度表现为显著正相关。5001~10000 元家庭月收入的消费者的个人效用评价（β=0.327，p=0.001）、经济效率评价（β=0.408，p=0.000）也对认知支持度产生正向的调节作用。也就是说，消费评价维度里，不论是个人效用还是经济效率的变化，都能带来认知支持度的同向变化。10001~20000 元家庭月收入的消费者对于认知支持度的调节作用主要来自消费的个人维度（β=0.327，p=0.001）和经济维度（β=0.408，p=0.000），分别呈显著正相关。30001~40000 元家庭月收入的消费者依旧有一种支持消费和谐化认知的力量，那就是经济效率评价（β=0.649，p=0.006）。只要经济效率评价提高，他们的认知支持度也会随之提高。

比较可知，不同家庭月收入消费者调节认知支持度的主要因素是经济效率评价（Q2B），且均呈正向相关调节效应，即消费评价的经济效率越高，认知支持度越高。唯有 20001~30000 元家庭月收入的消费者对应的认知支持度在此暂时确定为一个正常数项，在 2.196 水平趋于稳定。除此，还有 30001~40000 元家庭月收入的消费者群体，也只是在消费经济效率维度调节之外，增加一个负常数项，说明该群体存在明显不支持和谐消费的初始状况。其次，重要的调节因素各不相同，涵盖了其他三个维度变量。5001~10000 元家庭月收入的消费者认知支持度与生态效应评价和社会效益评价正相关；5001~10000 元和 10001~20000 元家庭月收入的消费者还需要考虑个人效用评价发挥情况，如果个人效用得分越高，他们对和谐消费的认知支持度也越高。

（二）不同家庭月收入的消费者对消费和谐化态度支持度的调节效应

表6-16　不同家庭月收入消费者评价对态度支持度（Q2E2）的调节效应分析

系数[a]						
模型		非标准化数		标准系数	t	Sig.
		B	标准误差	试用版		
5000元及以下	（常量）	-0.525	0.516	—	-1.017	0.312
	Q2A	0.064	0.127	0.045	0.502	0.617
	Q2B	0.124	0.127	0.105	0.970	0.335
	Q2C	0.460***	0.113	0.411	4.083	0.000
	Q2D	0.456***	0.148	0.311	3.085	0.003
5001～10000元	（常量）	-0.061	0.373	—	-0.164	0.870
	Q2A	0.090	0.088	0.060	1.022	0.308
	Q2B	0.287***	0.090	0.224	3.180	0.002
	Q2C	0.430***	0.103	0.320	4.157	0.000
	Q2D	0.175**	0.084	0.140	2.088	0.038
10001～20000元	（常量）	-0.795*	0.443	—	-1.794	0.075
	Q2A	0.281***	0.103	0.174	2.724	0.007
	Q2B	0.174	0.110	0.129	1.588	0.114
	Q2C	0.324***	0.123	0.233	2.636	0.009
	Q2D	0.367***	0.098	0.279	3.742	0.000
20001～30000元	（常量）	0.738	1.431	—	0.516	0.608
	Q2A	-0.086	0.352	-0.037	-0.243	0.809
	Q2B	0.184	0.238	0.127	0.772	0.444
	Q2C	0.295	0.260	0.193	1.133	0.263
	Q2D	0.414*	0.228	0.279	1.817	0.075
30001～40000元	（常量）	-1.101	1.665	—	-0.661	0.519
	Q2A	1.148**	0.518	0.651	2.217	0.044
	Q2B	-0.326	0.258	-0.307	-1.265	0.226
	Q2C	0.417	0.354	0.284	1.177	0.259
	Q2D	-0.057	0.301	-0.052	-0.188	0.853
40001元及以上	（常量）	-0.682	1.005	—	-0.679	0.504
	Q2A	0.131	0.241	0.070	0.543	0.593
	Q2B	0.515*	0.298	0.411	1.730	0.097
	Q2C	0.551***	0.220	0.482	2.508	0.020
	Q2D	-0.084	0.220	-0.061	-0.382	0.706

　　如表 6-16 所示，5000 元及以下家庭月收入的消费者对应的态度支持度主要由生态效应评价（β=0.460，p=0.000）和社会效益评价（β=0.456，p=0.003）共同作用于消费和谐化态度。一般来说，消费评价中的生态效应与社会效益越高，则消费者支持和谐消费的意愿越强。5001~10000 元家庭月收入的消费者对应的态度支持度主要受消费者的经济效率评价（β=0.287，p=0.002）、生态效应评价（β=0.430，p=0.000）和社会效益评价（β=0.175，p=0.038）发挥调节效应，调节系数越大，对消费和谐化的态度支持度越强。10001~20000 元家庭月收入的消费者对于消费和谐化态度支持度的调节效应主要来自消费的个人维度（β=0.281，p=0.007）、经济维度（β=0.324，p=0.009）和社会维度（β=0.367，p=0.000），分别呈正相关显著调节。

　　影响不同家庭月收入消费者态度支持度的主要因素是 Q2C 生态效应评价，且均呈正向相关调节效应，即消费评价的生态维度评分越高，态度支持度越高；唯有 30001~40000 元家庭月收入的消费者对应的认知支持度在此暂时确定为一个正常数项，在 1.148 水平上趋于稳定。除此，Q2D 社会效益评价也对多个收入段消费者的态度支持度有正向调节效应；个人维度和经济维度的评价也对少数收入段消费者有正向调节效应。不过此次统计结果显示，受调研的各家庭收入段消费者没有一个在消费和谐化的态度支持度上同时受四个评价维度调节。

（三）不同家庭月收入消费者对消费和谐化行动支持度的调节效应

表6-17　不同家庭月收入消费者评价对行动支持度（Q2E3）的调节效应

系数[a]					
模型		非标准化系数		标准系数	t	Sig.
		B	标准误差	试用版		
5000元及以下	（常量）	-0.394	0.533	—	-0.740	0.461
	Q2A	-0.162	0.131	-0.105	-1.239	0.219
	Q2B	0.049	0.131	0.038	0.373	0.710
	Q2C	0.785***	0.116	0.643	6.756	0.000
	Q2D	0.369**	0.153	0.230	2.417	0.018
5001～10000元	（常量）	0.004	0.416	—	0.009	0.993
	Q2A	0.113	0.098	0.072	1.153	0.250
	Q2B	0.240**	0.101	0.177	2.388	0.018
	Q2C	0.401***	0.115	0.282	3.473	0.001
	Q2D	0.201**	0.094	0.152	2.142	0.033
10001～20000元	（常量）	-0.293	0.466	—	-0.629	0.530
	Q2A	0.112	0.108	0.067	1.038	0.300
	Q2B	0.005	0.115	0.003	0.041	0.967
	Q2C	0.724***	0.129	0.503	5.599	0.000
	Q2D	0.201*	0.103	0.148	1.949	0.053
20001～30000元	（常量）	0.653	1.464	—	0.446	0.658
	Q2A	-0.274	0.360	-0.110	-0.762	0.450
	Q2B	0.212	0.243	0.138	0.872	0.388
	Q2C	0.369	0.266	0.226	1.384	0.173
	Q2D	0.524***	0.233	0.331	2.247	0.029
30001～40000元	（常量）	-1.555	1.868	—	-0.833	0.419
	Q2A	1.161***	0.581	0.600	1.998	0.066
	Q2B	-0.311	0.289	-0.266	-1.074	0.301
	Q2C	0.323	0.397	0.201	0.814	0.429
	Q2D	0.065	0.338	0.054	0.192	0.851
40001元及以上	（常量）	-0.627	1.149	—	-0.546	0.591
	Q2A	-0.019	0.276	-0.010	-0.070	0.945
	Q2B	0.594*	0.340	0.438	1.746	0.094
	Q2C	0.506*	0.251	0.409	2.015	0.056
	Q2D	0.045	0.251	0.031	0.181	0.858

如表 6-17 所示，5000 元及以下家庭月收入消费者的消费评价的生态维度（β=0.785，p=0.000）和社会维度（β=0.369，p=0.000）对消费和谐化具有调节效应，其中生态维度的调节效应系数更大。说明消费者在评价生态效应和社会福利方面给分越高，则对于消费和谐化进程会给予更多行动支持。同时，在生态维度上的高给分能带来更大的行动支持。5001~10000 元家庭收入段消费者的消费和谐化受三个评价维度（生态效应评价、经济效率评价、社会效益评价）的正向调节效应。10001~20000元家庭月收入的消费者的生态效应维度（β=0.724，p=0.000）和社会效益维度（β=0.201，p=0.053）对行动支持度存在正相关关系。20001~30000元家庭月收入的消费者中，消费评价的社会维度（β=0.408，p=0.029）较强显著地正向调节着行动支持力。30001 元以上家庭月收入的消费者中，经济维度和生态维度方面的消费评价正向调节了行动支持度。

比较可知，调节不同家庭月收入消费者行动支持度的主要因素是 Q2C生态维度和 Q2D 社会维度的消费评价，它们对消费和谐化的行动支持度均呈正向相关调节效应，即消费评价的生态效应越高，行动支持度越高；消费评价的社会效益越高，行动支持度也越高。还有部分收入段消费者的行动支持力来自 Q2B 经济效率消费评价，也与消费和谐化的行动支持度有正向调节效应关系。

三、家庭人口变量对消费和谐化支持度的调节效应

（一）不同家庭常住人口消费者对消费和谐化认知支持度的调节效应

表 6-18　不同家庭人口的消费者评价对认知支持度（Q2E1）的

调节效应分析

系数ᵃ						
模型		非标化系数		标准系数	t	Sig.
		B	标准误差	试用版		
1	（常量）	-0.417	0.742	—	-0.561	0.579
	Q2A	-0.189	0.170	-0.124	-1.111	0.276
	Q2B	0.074	0.172	0.052	0.429	0.671
	Q2C	0.722***	0.173	0.565	4.172	0.000
	Q2D	0.506**	0.203	0.391	2.489	0.019
2	（常量）	1.069	0.660	—	1.620	0.109
	Q2A	-0.129	0.159	-0.082	-0.808	0.421
	Q2B	0.250	0.150	0.207	1.664	0.100
	Q2C	0.331**	0.166	0.251	2.002	0.048
	Q2D	0.369***	0.134	0.296	2.755	0.007
3	（常量）	1.088***	0.340	—	3.197	0.002
	Q2A	0.162*	0.085	0.109	1.910	0.057
	Q2B	0.168**	0.083	0.145	2.028	0.043
	Q2C	0.242***	0.092	0.203	2.643	0.009
	Q2D	0.231***	0.071	0.201	3.268	0.001
4	（常量）	1.656**	0.675	—	2.454	0.015
	Q2A	-0.114	0.159	-0.062	-0.716	0.475
	Q2B	0.069	0.118	0.056	0.586	0.559
	Q2C	0.474***	0.136	0.353	3.471	0.001
	Q2D	0.249**	0.122	0.184	2.043	0.043
5	（常量）	1.174*	0.644	—	1.823	0.072
	Q2A	-0.023	0.160	-0.015	-0.143	0.886
	Q2B	0.321**	0.145	0.258	2.204	0.030
	Q2C	0.421***	0.147	0.327	2.870	0.005
	Q2D	0.021	0.164	0.016	0.130	0.897

表 6-18 为不同家庭常住人口消费者的消费评价对消费和谐化认知支

持度（Q2E1）的调节效应。家庭规模 1 的消费者在生态效应（$\beta=0.722$，$p=0.000$）和社会效益（$\beta=0.506$，$p=0.019$）方面的评价可以正向调节到认知支持度，其中生态效应维度的调节效应大于社会效益维度。两口之家的消费者认知支持度也受在生态效应（$\beta=0.331$，$p=0.048$）和社会效益（$\beta=0.369$，$p=0.007$）方面的评价的调节效应，而且这两个方面对消费和谐化认知支持度的调节效应基本一致。三口之家的认知支持度受个人效用（$\beta=0.162$，$p=0.057$）、经济效率（$\beta=0.168$，$p=0.043$）、生态效应（$\beta=0.242$，$p=0.009$）和社会效益（$\beta=0.231$，$p=0.001$）等的调节。家庭规模为 4 口人的消费者在生态效应（$\beta=0.474$，$p=0.001$）和社会效益（$\beta=0.249$，$p=0.043$）方面的评价可以正向调节到认知支持度，其中生态维度的调节效应系数更高于社会维度。家庭规模为 5 的消费者在生态效应（$\beta=0.421$，$p=0.005$）和经济效率（$\beta=0.321$，$p=0.030$）方面的评价可以正向调节到认知支持度，其中生态维度的调节效应系数更高于经济维度。

总结来看，五个家庭规模在认知支持度的调节效应因素中都有一个共同维度，即 Q2C 生态维度，且都呈正相关调节效应；其次就是 Q2D 社会维度，也是正向相关性，只有五口之家数据结构没有通过此维度检验；再次就是 Q2B 经济效率维度，也反映在三口之家和五口之家的认知支持度调节因素中。三口之家也是唯一全面囊括了四个维度乃至一个正截距项调节因素的消费群体。同样具有正截距项调节效应常量的消费群体还有三口之家、四口之家和五口之家，其中四口之家的正截距取值最高，其次是五口之家，再次是三口之家。如果以此代表认知支持度的常数项，也可以理解为四口之家的整体认知起点较高。

（二）不同家庭常住人口消费者对消费和谐化态度支持度的调节效应

布迪·苏普拉普托（Suprapto B）、维加亚（Wijaya T）以模型检验印尼至少有一个孩子的消费者对有机食品的购买意愿，结果表明，健康生活影响有机食品的购买态度，也直接影响有机食品的购买意愿。不同家庭人口消费者的消费评价对消费和谐化态度支持度的调节效应分析见表6-19。

表6-19　不同家庭人口消费者评价对态度支持度（Q2E2）的调节效应分析

系数[a]					
模型		非标准化数		标准系数	t	Sig.
		B	标准误差	试用版		
1	（常量）	−1.521*	0.787	—	−1.932	0.064
	Q2A	0.078	0.181	0.050	0.434	0.668
	Q2B	0.165	0.183	0.113	0.904	0.374
	Q2C	0.454**	0.184	0.347	2.470	0.020
	Q2D	0.632***	0.216	0.478	2.932	0.007
2	（常量）	−0.154	0.647	—	−0.238	0.813
	Q2A	0.090	0.156	0.055	0.577	0.566
	Q2B	0.175	0.147	0.141	1.190	0.237
	Q2C	0.337**	0.162	0.248	2.077	0.041
	Q2D	0.441***	0.131	0.344	3.360	0.001
3	（常量）	−0.073	0.340	—	−0.215	0.830
	Q2A	0.215**	0.085	0.134	2.544	0.011
	Q2B	0.004	0.083	0.003	0.044	0.965
	Q2C	0.454***	0.092	0.352	4.956	0.000
	Q2D	0.321***	0.071	0.259	4.547	0.000

续　表

模型		非标准化数		标准系数	t	Sig.
		B	标准误差	试用版		
4	（常量）	0.202	0.577	—	0.351	0.726
	Q2A	−0.026	0.136	−0.015	−0.194	0.847
	Q2B	0.054	0.101	0.045	0.534	0.594
	Q2C	0.562***	0.117	0.433	4.821	0.000
	Q2D	0.358***	0.104	0.274	3.444	0.001
5	（常量）	−0.261	0.576	—	−0.453	0.652
	Q2A	0.121	0.143	0.078	0.850	0.397
	Q2B	0.355***	0.130	0.277	2.729	0.008
	Q2C	0.649***	0.131	0.490	4.956	0.000
	Q2D	−0.099	0.147	−0.072	−0.676	0.501

如表 6-19 所示，一人之家中，生态效应（β=0.454，p=0.020）和社会效益（β=0.632，p=0.007）方面的评价对消费和谐化态度支持度存在显著的正相关关系。同样两口之家的消费者态度支持度也依然受生态效应和社会效益维度的作用。三口之家的态度支持受生态效应（β=0.454，p=0.000）和社会效益（β=0.321，p=0.000）评价的正向调节，其中生态维度的调节系数高于社会维度。四口之家的消费者在生态效应（β=0.562，p=0.000）和社会效益（β=0.358，p=0.001）方面的评价均可以显著调节到态度支持度。五口或以上的消费者在生态效应、经济效率维度方面均能发挥正向调节效应，其中生态维度的调节效应系数高于经济维度。

总结来看，五个家庭规模对态度支持度发挥调节效应的因素都有一个共同维度，即 Q2C 生态维度，且都呈正相关效应；其次就是 Q2D 社会维度，也存在正向相关性，只有五口之家的数据结构没有通过此维度检验；再次就是 Q2B 经济维度，主要反映在五口之家的态度支持度调节因素中。一人之家唯一有一个负截距项的调节效应因素，可以理解为家庭人口为一的消费者在参与消费和谐化的态度上还有比较大的阻力，可能是精力，也可能是惰性，还可能是本身的一些具体原因。

（三）不同家庭常住人口消费者对消费和谐化行动支持度的调节效应

表6-20 不同家庭人口消费者评价对行动支持度（Q2E3）的调节效应分析

系数[a]						
模型		非标准化系数		标准系数	t	Sig.
		B	标准误差	试用版		
1	（常量）	−1.099	1.144	—	−0.960	0.345
	Q2A	−0.014	0.263	−0.008	−0.052	0.959
	Q2B	0.011	0.266	0.007	0.042	0.966
	Q2C	0.612**	0.267	0.414	2.292	0.030
	Q2D	0.611*	0.313	0.408	1.949	0.062
2	（常量）	−1.180*	0.673	—	−1.755	0.083
	Q2A	0.096	0.162	0.053	0.595	0.554
	Q2B	0.345**	0.153	0.248	2.253	0.027
	Q2C	0.363**	0.169	0.238	2.149	0.034
	Q2D	0.467***	0.137	0.324	3.418	0.001
3	（常量）	0.493	0.360	—	1.370	0.172
	Q2A	−0.061	0.090	−0.037	−0.683	0.495
	Q2B	0.091	0.088	0.070	1.035	0.302
	Q2C	0.604***	0.097	0.451	6.228	0.000
	Q2D	0.216***	0.075	0.168	2.892	0.004
4	（常量）	−0.379	0.598	—	−0.633	0.528
	Q2A	0.025	0.141	0.013	0.174	0.862
	Q2B	0.082	0.104	0.066	0.790	0.431
	Q2C	0.646***	0.121	0.469	5.344	0.000
	Q2D	0.315***	0.108	0.226	2.916	0.004
5	（常量）	−0.324	0.622	—	−0.521	0.604
	Q2A	0.117	0.154	0.070	0.761	0.449
	Q2B	0.147	0.140	0.106	1.048	0.298
	Q2C	0.902***	0.142	0.630	6.375	0.000
	Q2D	−0.141	0.159	−0.095	−0.886	0.378

　　表6-20为不同家庭人口属性的消费者对应行动支持度评价的调节效应。可以发现，家庭规模为一人的消费者在生态效应（β=0.612，p=0.030）和社会效益（β=0.611，p=0.062）方面的评价可以正向调节到行动支持度，其中生态维度的调节系数稍高于社会维度，非常接近。家庭规模为两人的消费者在经济效率（β=0.345，p=0.027）、生态效应（β=0.363，p=0.034）和社会效益（β=0.467，p=0.001）方面的评价可以正向调节到行动支持度，其中生态维度的调节系数小于社会维度的调节系数，但高于经济维度调节系数。三口、四口之家对消费和谐化行动支持度的调节作用都以生态效应和社会效益评价维度为主，发挥正向调节效应。家庭规模为五人及以上的消费者在生态效应（β=0.902，p=0.000）维度的评价可以正向调节到行动支持度。

　　综述不同家庭人口属性的消费者对三个支持度发挥调节效应的维度因素，可以看到一些共性因素。其中最关键的就是生态维度的重要调节力，其次是社会维度。他们在这两个评价维度上基本能发挥调节效应。

第三节　其他变量调节效应分析

一、文化变量对消费和谐化支持度的调节效应

（一）不同文化程度的消费者对消费和谐化认知支持度的调节效应

表6-21　不同文化程度消费者评价对认知支持度（Q2E1）的调节效应分析

系数[a]					
模型		非标准化数		标准系数	t	Sig.
		B	标准误差	试用版		
高中（含）以下	（常量）	-0.374	0.609	—	-0.614	0.541
	Q2A	0.167	0.151	0.117	1.104	0.274
	Q2B	0.627***	0.152	0.484	4.112	0.000
	Q2C	0.390**	0.169	0.293	2.307	0.024
	Q2D	-0.118	0.160	-0.091	-0.738	0.463
大专、本科	（常量）	1.301***	0.283	—	4.592	0.000
	Q2A	-0.051	0.068	-0.034	-0.744	0.457
	Q2B	0.202***	0.065	0.165	3.095	0.002
	Q2C	0.422***	0.069	0.339	6.143	0.000
	Q2D	0.173***	0.060	0.138	2.871	0.004

续　表

系数[a]						
模型		非标准化数		标准系数	t	Sig.
		B	标准误差	试用版		
硕士研究生	（常量）	2.203***	0.654	—	3.370	0.001
	Q2A	−0.068	0.132	−0.042	−0.516	0.607
	Q2B	−0.071	0.153	−0.058	−0.467	0.642
	Q2C	0.005	0.142	0.004	0.032	0.974
	Q2D	0.710***	0.139	0.613	5.119	0.000
博士研究生	（常量）	1.135	1.409	—	0.806	0.431
	Q2A	0.644*	0.353	0.443	1.824	0.085
	Q2B	0.380	0.477	0.325	0.798	0.435
	Q2C	−0.343	0.539	−0.253	−0.638	0.532
	Q2D	0.074	0.421	0.065	0.176	0.862

如表6-21所示，比较不同文化程度消费者的消费评价对于消费和谐化认知支持度（Q2E1）的调节效应，高中（含）以下文化程度的消费者和谐消费认知支持度（Q2E1）与消费经济效率评价有显著正相关性（β=0.627，p=0.000），意味着他们对消费经济效率的评价越高，对消费和谐化的认知支持度也就越高。大专、本科文化程度的消费者和谐消费认知支持度，除了消费的个人效用评价没有通过显著性检验，消费的经济效率、生态效应、社会效益评价三维度都对其有明显的正向调节效应，其中消费的生态效应评价维度的显著性最高（P=0.000），相关系数也最大，为0.422。统计结果表明，硕士对消费和谐化支持度的调节效应主要是通过消费的社会效益评价渠道发挥，调节系数超过0.7。博士研究生这个群体在样本数中所占比例最少，仅4%左右。

（二）不同文化程度的消费者对消费和谐化态度支持度的调节效应

不同文化程度消费者的消费评价对消费和谐化态度支持度（Q2E2）的调节效应分析结果如表6-22。

表6-22　不同文化程度消费者评价对态度支持度（Q2E2）
的调节效应分析

系数[a]					
模型		非标准化数		标准系数	t	Sig.
		B	标准误差	试用版		
高中（含）以下	（常量）	−0.202	0.580	—	−0.348	0.729
	Q2A	0.117	0.144	0.089	0.816	0.418
	Q2B	0.625***	0.145	0.519	4.306	0.000
	Q2C	0.101	0.161	0.082	0.631	0.530
	Q2D	0.132	0.153	0.110	0.868	0.389
大专、本科	（常量）	−0.051	0.269	—	−0.191	0.849
	Q2A	0.084	0.065	0.054	1.300	0.194
	Q2B	0.119*	0.062	0.094	1.922	0.055
	Q2C	0.555***	0.065	0.428	8.501	0.000
	Q2D	0.230***	0.057	0.177	4.030	0.000
硕士研究生	（常量）	−0.719	0.760	—	−0.947	0.346
	Q2A	0.329**	0.154	0.171	2.139	0.035
	Q2B	0.018	0.177	0.012	0.101	0.919
	Q2C	0.347**	0.165	0.240	2.100	0.038
	Q2D	0.486***	0.161	0.351	3.017	0.003
博士研究生	（常量）	−1.091	1.181	—	−0.923	0.368
	Q2A	0.223	0.296	0.137	0.754	0.461
	Q2B	−0.415	0.400	−0.318	−1.039	0.312
	Q2C	1.283**	0.451	0.845	2.841	0.011
	Q2D	0.139	0.353	0.109	0.394	0.699

由表6-22可知，高中（含）以下文化程度的消费者和谐消费态度支持度（Q2E2）只受消费的经济效率评价显著正相关作用。数据处理结果

显示，此类消费者的消费经济效率评价与消费和谐化的态度支持度有显著正相关性（P=0.000），相关系数超过 0.6，可以理解为高中（含）以下文化程度的消费者每增加 1 单位经济效率的评价，可以带动其对消费和谐化态度的支持度提高 0.625 单位。大专、本科文化程度的消费者和谐消费态度支持度受消费的经济效率评价、生态效应评价、社会效益评价维度的显著正相关调节作用。这个文化层次的消费群体对消费和谐化态度支持度的调节因子与其对于消费和谐化的认知支持度相似，仅是消费的个人效用评价和常量项没有体现出相关性，其他三个层面，尤其消费的生态效应评价、消费的社会效益评价都强显著性地（P=0.000）同向调节着消费和谐化的态度支持度，相关系数分别为 0.555（P=0.000）和 0.230（P=0.000）。他们对消费经济效率的评价因子也弱相关于消费和谐化的态度支持度（P=0.055），可以作为提高消费和谐化态度支持度的方式选择之一。

在消费和谐化的态度支持度方面，硕士研究生文化程度的消费者的调节效应渠道与大专、本科层次的消费者相似，分别与消费的个人效用评价、生态效应评价、社会效益评价有较强显著正相关调节作用，相关系数也分别为 0.329（P=0.035）、0.347（P=0.038）和 0.486（P=0.003），说明他们在消费社会效益方面的评价权重或调节效应系数更大点。博士研究生文化程度消费者只对生态效应评价维度与和谐消费态度支持度的关系发挥调节作用。

（三）不同文化程度的消费者对消费和谐化行动支持度的调节效应

表6-23　不同文化程度消费者评价对行动支持度（Q2E3）

的调节效应分析

系数[a]						
模型		非标准化数		标准系数	t	Sig.
		B	标准误差	试用版		
高中（含）以下	（常量）	1.021	0.653	—	1.563	0.123
	Q2A	-0.145	0.162	-0.111	-0.894	0.374
	Q2B	0.365**	0.163	0.306	2.237	0.029
	Q2C	0.030	0.181	0.025	0.166	0.869
	Q2D	0.458**	0.172	0.383	2.665	0.010
大专、本科	（常量）	-0.425	0.287	—	-1.478	0.140
	Q2A	0.021	0.069	0.012	0.305	0.760
	Q2B	0.156**	0.066	0.112	2.362	0.019
	Q2C	0.691***	0.070	0.488	9.917	0.000
	Q2D	0.197***	0.061	0.138	3.231	0.001
硕士研究生	（常量）	0.992	0.819	—	1.211	0.229
	Q2A	0.025	0.166	0.013	0.151	0.880
	Q2B	-0.187	0.191	-0.127	-0.979	0.330
	Q2C	0.566***	0.178	0.394	3.175	0.002
	Q2D	0.347**	0.174	0.252	1.997	0.048
博士研究生	（常量）	0.747	0.395	—	1.893	0.059
	Q2A	-0.095	0.091	-0.060	-1.039	0.300
	Q2B	-0.024	0.099	-0.017	-0.240	0.810
	Q2C	0.582***	0.106	0.410	5.517	0.000
	Q2D	0.378***	0.091	0.281	4.171	0.000

表6-23为不同文化程度消费者的消费评价对于消费和谐化行动支持度的调节效应。高中（含）以下文化程度的消费者和谐消费行动支持度受消费的经济效率评价、社会效益评价维度调节，实证结果显示，高中（含）以下文化程度的消费者在消费经济效率和社会效益两方面的评价与

消费和谐化的行动支持度有较强显著正相关性。这个结果再次说明在调节效应类似文化程度相对较低或者较大年龄段的消费者方面，有相似的调节因子，消费的经济效率即个人资源的有效循环利用和消费的社会效益即社会资源的共享互利，似乎都是他们决定是否参与或者提高消费和谐化行动的两个主导因素。

大专、本科文化程度的消费群体对消费和谐化行动支持度的调节因子与之前的消费和谐化认知支持度、态度支持度相似，也受消费的经济效率评价、消费的生态效应评价、消费的社会效益评价三维度的正向作用，其中消费的生态效应评价的调节作用显著性最高，相关系数也最大，为0.691（P=0.000）。

硕士、博士研究生文化程度的消费者，其和谐消费行动支持度都受消费的生态效应评价和社会效益评价调节。统计结果表明，硕士研究生文化程度的消费者，他们对消费的生态效应评价及社会效益评价与消费和谐化行动支持度有正向调节作用，只是在生态效应评价上的调节系数更高，显著程度也更强。在促进消费和谐化的行动支持方面，博士研究生文化程度的消费者与硕士研究生文化程度的消费者相似，也是主要通过消费的生态效应评价和消费的社会效益评价发挥正向调节作用，后者的调节系数都更高。乔迪·海恩斯（Jody M. Hines）、哈罗德·亨格福特（Harold R. Hungerford）、奥黛丽·托梅拉（Audrey N. Tomera）研究发现知识和态度的强烈程度的确会影响到负责任的环境行动，在此得到部分验证。

二、职业变量对消费和谐化支持度的调节效应

（一）不同职业的消费者对认知支持度的调节效应

不同职业消费者的消费评价对于消费和谐化认知支持度的调节效应分析如表6-24所示。

表6-24　不同职业消费者评价对认知支持度（Q2E1）的调节效应分析

系数[a]					
模型	非标准化系数		标准系数	t	Sig.
	B	标准误差	试用版		
学生 （常量）	0.434	0.645	—	0.672	0.503
Q2A	−0.133	0.153	−0.074	−0.868	0.387
Q2B	0.600***	0.144	0.414	4.174	0.000
Q2C	0.186	0.137	0.136	1.357	0.177
Q2D	0.243	0.184	0.139	1.325	0.188
政府工作人员 （常量）	1.386**	0.549	—	2.527	0.013
Q2A	−0.250*	0.136	−0.142	−1.838	0.068
Q2B	−0.051	0.109	−0.041	−0.469	0.640
Q2C	0.824***	0.139	0.567	5.924	0.000
Q2D	0.221**	0.099	0.171	2.239	0.027
企业从业人员 （常量）	0.908	0.624	—	1.454	0.148
Q2A	−0.178	0.130	−0.096	−1.371	0.172
Q2B	0.234	0.143	0.148	1.635	0.104
Q2C	0.429**	0.124	0.308	3.471	0.001
Q2D	0.359**	0.115	0.261	3.126	0.002
事业单位人员 （常量）	0.967**	0.371	—	2.609	0.010
Q2A	0.136	0.087	0.107	1.566	0.119
Q2B	0.397***	0.086	0.379	4.633	0.000
Q2C	0.182	0.110	0.149	1.647	0.101
Q2D	0.103	0.104	0.083	0.994	0.322

续　表

模型		非标准化系数		标准系数	t	Sig.
		B	标准误差	试用版		
商业/服务业从业人员	(常量)	1.861**	0.632	—	2.943	0.004
	Q2A	-0.142	0.203	-0.108	-0.699	0.487
	Q2B	0.119	0.211	0.104	0.565	0.574
	Q2C	0.304	0.214	0.241	1.421	0.160
	Q2D	0.229	0.173	0.213	1.328	0.189
其他	(常量)	0.939*	0.506	—	1.854	0.066
	Q2A	0.184	0.116	0.140	1.593	0.114
	Q2B	0.226*	0.133	0.188	1.695	0.093
	Q2C	0.158	0.141	0.130	1.115	0.267
	Q2D	0.248**	0.107	0.236	2.316	0.022

表6-24分析结果显示：学生身份的消费者认知支持度主要通过消费的经济效率评价维度调节，这可能与他们的身份有很大的关系，没有经济来源，对资源效率更在意些；而在政府部门和企业单位工作的消费者则从生态效应评价和消费的社会效益评价维度调节到消费和谐化认知，且生态维度比社会维度检验结果更显著，调节系数更大；在事业单位工作的消费者和谐消费的认知支持度主要通过经济效率评价发挥正向显著调节效应（P=0.000）；其他职业的消费者（包括自由职业者、全职家庭、离退休人员等）和谐消费认知支持度既有正常数截距的起点，又能在经济效率评价（P=0.093）和社会效益评价（P=0.022）两维度发挥正向调节作用到认知支持度。

比较来看，其中学生身份的消费者和事业单位工作者都是通过经济效率评价维度正向调节到认知支持度；政府部门工作人员和企业从业者主要以生态效应评价和社会效益评价两个维度正向作用于认知支持度。只是政府部分工作人员的调节效应还有一个1.386的认知支持度起点，且他们在生态效应评价维度方面的调节系数接近企业从业人员的两倍。就社会效益评价的调节系数而言，企业从业者的调节效应系数（β=0.359）大于政府工作人员（β=0.221）。其他职业的消费者调节认知支持度也是通过这两个评价维度，即经济效率评价（β=0.226）和社会效益评价（β=0.248）。与政府工作人员及事业单位工作人员相似，其他职业的消费者在认知支持度上都有一个正常数的起点。

（二）不同职业的消费者对消费和谐化态度支持度的调节效应

不同职业消费者的消费评价对于消费和谐化态度支持度调节效应分析见表6-25。

表6-25 不同职业消费者评价对态度支持度（Q2E2）的调节效应分析

系数[a]						
模型		非标准化数		标准系数	t	Sig.
		B	标准误差	试用版		
学生	（常量）	−0.054	0.530	—	−0.101	0.919
	Q2A	0.272**	0.125	0.183	2.169	0.032
	Q2B	0.348***	0.118	0.290	2.947	0.004
	Q2C	0.286**	0.113	0.252	2.537	0.013
	Q2D	0.016	0.151	0.011	0.106	0.916
政府工作人员	（常量）	0.641	0.550	—	1.166	0.246
	Q2A	−0.249*	0.136	−0.134	−1.829	0.069
	Q2B	−0.044	0.109	−0.034	−0.408	0.684
	Q2C	0.869***	0.139	0.567	6.240	0.000
	Q2D	0.320***	0.099	0.235	3.229	0.002
企业从业人员	（常量）	−0.436	0.563	—	−0.773	0.440
	Q2A	0.152	0.117	0.086	1.299	0.196
	Q2B	0.110	0.129	0.073	0.851	0.396
	Q2C	0.406***	0.112	0.308	3.640	0.000
	Q2D	0.423***	0.104	0.324	4.086	0.000

续　表

系数[a]					
模型		非标准化数		标准系数	t	Sig.
		B	标准误差	试用版		
事业单位人员	（常量）	−0.114	0.410	—	−0.277	0.782
	Q2A	0.098	0.096	0.068	1.024	0.307
	Q2B	0.093	0.095	0.077	0.977	0.330
	Q2C	0.650***	0.122	0.463	5.313	0.000
	Q2D	0.170	0.115	0.119	1.479	0.141
商业/服务业从业人员	（常量）	1.646	1.190	—	1.384	0.172
	Q2A	−0.492	0.332	−0.196	−1.484	0.143
	Q2B	0.553***	0.169	0.433	3.276	0.002
	Q2C	0.348	0.240	0.231	1.451	0.152
	Q2D	0.275*	0.155	0.222	1.773	0.082
其他	（常量）	−0.565	0.477	—	−1.185	0.238
	Q2A	0.207*	0.109	0.144	1.902	0.060
	Q2B	0.145	0.126	0.111	1.156	0.250
	Q2C	0.488***	0.133	0.368	3.661	0.000
	Q2D	0.256**	0.101	0.222	2.536	0.013

　　如表 6-25 所示：相比较而言，其他职业消费者和学生身份消费者相似，都可以通过消费评价的经济维度、生态维度、社会维度三方面正向调节到态度支持度，其中经济维度和社会维度调节系数基本相当，均稍大于0.2，而生态维度评价的调节系数最强。政府工作人员和企业从业人员的调节效应有相似之处，主要通过生态维度和社会维度的消费评价发挥正向调节作用，就调节系数而言，前者在生态评价维度调节效应上大于后者，在社会评价维度调节效应上作用小于后者。同时，政府部门消费者还有一个发挥负相关调节效应的评价维度，即个人效用评价维度。商业或服务业的工作人员主要通过消费评价两个维度，即经济维度、社会维度发挥对态度支持度的调节作用，调节系数前者大于后者。

（三）不同职业的消费者对消费和谐化行动支持度的调节效应

比较不同职业消费者的消费评价对于消费和谐化行动支持度（Q2E3）的调节效应结果见表6-26。

表6-26 不同职业消费者评价对行动支持度（Q2E3）的调节效应分析

系数[a]						
模型		非标准化系		标准系数	t	Sig.
		B	标准误差	试用版		
学生	（常量）	-0.316	0.549	—	-0.576	0.566
	Q2A	0.023	0.130	0.014	0.176	0.861
	Q2B	0.541***	0.122	0.405	4.431	0.000
	Q2C	0.394***	0.117	0.312	3.376	0.001
	Q2D	0.046	0.156	0.029	0.296	0.767
政府工作人员	（常量）	0.398	0.608	—	0.654	0.514
	Q2A	-0.204	0.151	-0.101	-1.354	0.178
	Q2B	-0.199	0.121	-0.140	-1.650	0.101
	Q2C	1.179***	0.154	0.704	7.648	0.000
	Q2D	0.128	0.110	0.086	1.167	0.245
企业从业人员	（常量）	-0.908	0.607	—	-1.496	0.137
	Q2A	0.324**	0.126	0.176	2.565	0.011
	Q2B	0.129	0.139	0.082	0.928	0.355
	Q2C	0.480***	0.120	0.349	3.993	0.000
	Q2D	0.242**	0.112	0.178	2.172	0.031
事业单位人员	（常量）	0.747*	0.395	—	1.893	0.059
	Q2A	-0.095	0.091	-0.060	-1.039	0.300
	Q2B	-0.024	0.099	-0.017	-0.240	0.810
	Q2C	0.582***	0.106	0.410	5.517	0.000
	Q2D	0.378***	0.091	0.281	4.171	0.000
商业/服务业从业人员	（常量）	0.683	1.182	—	0.578	0.566
	Q2A	0.011	0.330	0.005	0.034	0.973
	Q2B	0.300*	0.168	0.258	1.790	0.079
	Q2C	0.330	0.238	0.240	1.383	0.172
	Q2D	0.227	0.154	0.201	1.470	0.147

续　表

模型		非标准化系		标准系数	t	Sig.
		B	标准误差	试用版		
其他	(常量)	−1.061**	0.503	—	−2.107	0.037
	Q2A	0.059	0.115	0.036	0.517	0.606
	Q2B	−0.048	0.133	−0.032	−0.364	0.716
	Q2C	0.837***	0.141	0.550	5.955	0.000
	Q2D	0.376***	0.107	0.285	3.529	0.001

如表 6-26 所示，学生身份的消费者通过经济效率评价和生态效应评价发挥对消费和谐化认知支持度的显著正相关调节作用（P=0.001，0.000），这意味着他们对消费经济效率和生态效应的评价越高，对消费和谐化的行动支持度就越高。在政府部门工作的消费者，其消费的生态效应评价强显著地调节着消费和谐化的行动支持度（β=1179，p=0.000），换句话说，政府工作人员在生态效应方面的评价越高，则在行动上越支持消费和谐化。

在企业工作的消费者消费和谐化的行动支持度主要是通过消费的个人效用评价、生态效应评价和社会效益评价渠道发挥调节作用，其正向调节系数表现为生态效应评价高于个人效用评价，大于社会效益评价。

在事业单位工作的消费者和谐消费行动支持度则只是受到消费的生态效应评价、消费的社会效益评价的调节效应作用。表现在消费评价的生态维度（β=0.582，p=0.000）和社会维度（β=0.378，p=0.000）对行动支持度有显著正向调节关系。在商业或者服务行业相关单位工作的消费者和谐消费行动支持度与消费的经济效率评价相关。

总体而言，企业从业人员在消费评价上有三个渠道正向调节到行动支持度，分别是个人维度、生态维度和社会维度；事业单位工作者和其他职业消费者都有生态维度和社会维度两大正向调节因素。这三类消费群体在调节系数上都有生态维度最大的共性特征。但事业单位工作者在行动支持度调节效应初始状况好于其他职业消费者，因为前者与行动支持度的回归关系建立在正常数截距项基础上，而后者是负常数截距项。学生身份的消费者也有两个正向维度调节到行动支持度，分别是经济维度和生态维度，前者调节力大于后者。政府部门工作者的行动支持度主要取决于生态维度的消费评价，如果生态效应评价高，则行动支持度成 1.179 倍提高。商业或服务业部门的消费者的主要调节渠道则是经济维度，也有 0.3 的正向调节系数。

三、城市变量对消费和谐化支持度的调节效应

（一）不同城市的消费者对消费和谐化认知支持度的调节效应

将消费者按不同城市属性分类后对应的认知支持度的调节效应分析结果如表 6-27。

表 6-27　不同城市消费者评价对认知支持度（Q2E1）的调节效应分析

系数[a]					
模型		非标准化系数		标准系数	t	Sig.
		B	标准误差	试用版		
一线城市	（常量）	−0.091	0.549	—	−0.166	0.869
	Q2A	0.117	0.132	0.083	0.893	0.374
	Q2B	0.879***	0.155	0.675	5.666	0.000
	Q2C	−0.066	0.156	−0.054	−0.426	0.671
	Q2D	0.089	0.152	0.064	0.582	0.563
新一线城市	（常量）	−0.504	0.348	—	−1.447	0.149
	Q2A	0.233**	0.082	0.145	2.831	0.005
	Q2B	0.029	0.088	0.021	0.333	0.739
	Q2C	0.549***	0.089	0.401	6.142	0.000
	Q2D	0.304***	0.080	0.220	3.820	0.000

续　表

系数[a]						
模型		非标准化系数		标准系数	t	Sig.
		B	标准误差	试用版		
二线城市	（常量）	2.380**	0.934	—	2.549	0.014
	Q2A	−0.392**	0.194	−0.250	−2.017	0.049
	Q2B	0.220	0.231	0.157	0.953	0.345
	Q2C	0.379	0.268	0.239	1.414	0.163
	Q2D	0.321*	0.184	0.261	1.744	0.087
三线城市	（常量）	1.656***	0.675	—	2.454	0.015
	Q2A	−0.114	0.159	−0.062	−0.716	0.475
	Q2B	0.069	0.118	0.056	0.586	0.559
	Q2C	0.474***	0.136	0.353	3.471	0.001
	Q2D	0.249**	0.122	0.184	2.043	0.043
其他城市	（常量）	1.546***	0.491	—	3.148	0.002
	Q2A	0.078	0.122	0.056	0.643	0.521
	Q2B	0.117	0.133	0.093	0.881	0.380
	Q2C	0.355***	0.126	0.279	2.820	0.005
	Q2D	0.131	0.115	0.111	1.143	0.255

如表 6-27 所示，在一线城市中，消费者在经济效率（β=0.879，p=0.000）方面的评价可以正向调节到认知支持度。新一线城市的消费者在个人效用（β=0.233，p=0.005）、生态效应（β=0.549，p=0.000）和社会效益（β=0.304，p=0.000）方面的评价共同调节到认知支持度，其中生态维度的调节系数最大。二线城市的认知支持度与新一线相似的地方就是都受到个人效应维度和社会效益维度的调节作用。三线城市的消费者在生态效应（β=0.474，p=0.001）和社会效益（β=0.249，p=0.043）方面的评价则是调节消费和谐化认知支持度的两个主要渠道。其他城市的消费者在生态效应（β=0.355，p=0.005）方面的评价可以正向调节到认知支持度，较大的正常数截距项也说明其他城市的消费者在消费和谐化的认知支持度上

有较好的起点。

总结来看，五个城市属性的消费者在认知支持度的调节效应因素方面，比较集中的共同维度有 Q2C 生态维度和 Q2D 社会维度，都是正向相关性。其次就是个人效用维度，对应新一线城市也起正向相关关系，却反向调节着二线城市的认知支持度。

（二）不同城市的消费者对消费和谐化态度支持度的调节效应

比较不同城市属性分类后对消费者消费和谐化的态度支持度的调节效应见表 6-28。

表 6-28　不同城市消费者评价对态度支持度（Q2E2）的调节效应分析

系数ª						
模型		非标准化系		标准系数	t	Sig.
		B	标准误差	试用版		
一线城市	（常量）	0.828	0.814	—	1.017	0.314
	Q2A	−0.014	0.204	−0.009	−0.071	0.944
	Q2B	0.438**	0.167	0.403	2.628	0.012
	Q2C	0.472***	0.139	0.472	3.401	0.001
	Q2D	−0.203	0.325	−0.115	−0.625	0.535
新一线城市	（常量）	−0.316	0.389	—	−0.812	0.417
	Q2A	0.084	0.092	0.049	0.911	0.363
	Q2B	0.097	0.098	0.065	0.980	0.328
	Q2C	0.618***	0.100	0.424	6.191	0.000
	Q2D	0.250***	0.089	0.169	2.800	0.005
二线城市	（常量）	−0.401	0.915	—	−0.438	0.663
	Q2A	0.027	0.190	0.016	0.142	0.888
	Q2B	0.298	0.226	0.195	1.318	0.193
	Q2C	0.332	0.262	0.193	1.265	0.211
	Q2D	0.459**	0.180	0.343	2.543	0.014

续　表

模型		非标准化系		标准系数	t	Sig.
		B	标准误差	试用版		
三线城市	（常量）	0.202	0.577	—	0.351	0.726
	Q2A	-0.026	0.136	-0.015	-0.194	0.847
	Q2B	0.054	0.101	0.045	0.534	0.594
	Q2C	0.562***	0.117	0.433	4.821	0.000
	Q2D	0.358***	0.104	0.274	3.444	0.001
其他城市	（常量）	-0.152	0.431	—	-0.352	0.726
	Q2A	0.063	0.107	0.043	0.584	0.560
	Q2B	0.248**	0.117	0.188	2.129	0.035
	Q2C	0.505***	0.110	0.378	4.572	0.000
	Q2D	0.221**	0.101	0.179	2.198	0.030

系数[a]

　　如表6-28所示：一线城市的消费者在经济效率（β=0.438，p=0.012）、生态效应（β=0.472，p=0.001）方面的评价可以正向调节到态度支持度。新一线城市的消费者态度支持度在生态效应（β=0.618，p=0.000）和社会效益（β=0.250，p=0.005）方面的评价可以正向调节到态度支持度，其中生态维度的调节系数大于社会维度。二线城市的消费者在社会效益（β=0.459，p=0.014）方面的评价可以正向调节到态度支持度。三线城市的消费者在生态效应（β=0.562，p=0.000）和社会效益（β=0.358，p=0.001）方面的评价可以正向调节到态度支持度。其他城市的消费者在经济效率（β=0.248，p=0.035）、生态效应（β=0.505，p=0.005）、社会效益（β=0.221，p=0.030）方面的评价可以正向调节到态度支持度。

　　总结来看，五个城市属性的消费者在态度支持度上发挥调节效应的评价因素，比较集中的共同维度有Q2C生态维度和Q2D社会维度，都具有正向调节性。其次就是经济效率维度，对应一线城市和其他城市消费者对消费和谐化的态度支持度的调节效应也为正向关系。

（三）不同城市的消费者对消费和谐化态度支持度的调节效应

表 6-29 不同城市消费者评价对行动支持度（Q2E3）的调节效应分析

系数[a]						
模型		非标准化系数		标准系数	t	Sig.
		B	标准误差	试用版		
一线城市	（常量）	0.103	0.670	—	-0.154	0.878
	Q2A	0.115	0.160	0.074	0.718	0.475
	Q2B	0.557***	0.189	0.389	2.945	0.004
	Q2C	0.435**	0.190	0.323	2.288	0.025
	Q2D	-0.155	0.186	-0.101	-0.832	0.408
新一线城市	（常量）	-0.425	0.287	—	-1.478	0.140
	Q2A	0.021	0.069	0.012	0.305	0.760
	Q2B	0.156**	0.066	0.112	2.362	0.019
	Q2C	0.691***	0.070	0.488	9.917	0.000
	Q2D	0.197***	0.061	0.138	3.231	0.001
二线城市	（常量）	1.450	1.077	—	1.346	0.184
	Q2A	-0.071	0.224	-0.042	-0.316	0.753
	Q2B	-0.041	0.266	-0.028	-0.155	0.877
	Q2C	0.480	0.309	0.284	1.555	0.126
	Q2D	0.251	0.212	0.191	1.183	0.242
三线城市	（常量）	-0.379	0.598	—	-0.633	0.528
	Q2A	0.025	0.141	0.013	0.174	0.862
	Q2B	0.082	0.104	0.066	0.790	0.431
	Q2C	0.646***	0.121	0.469	5.344	0.000
	Q2D	0.315***	0.108	0.226	2.916	0.004
其他城市	（常量）	-0.102	0.492	—	-0.207	0.836
	Q2A	-0.031	0.122	-0.019	-0.250	0.803
	Q2B	0.153	0.133	0.106	1.147	0.253
	Q2C	0.641***	0.126	0.439	5.078	0.000
	Q2D	0.238**	0.115	0.177	2.074	0.040

由表 6-29 可知，一线城市的消费者在生态效应（β=0.435，p=0.025）

和经济效率（β=0.557，p=0.004）方面的评价可以正向调节到行动支持度，其中生态维度的调节系数低于经济维度。说明新一线城市的消费者在经济效率（β=0.156，p=0.019）、生态效应（β=0.691，p=0.000）和社会效益（β=0.197，p=0.001）方面的评价可以正向调节到行动支持度，其中生态维度的调节系数大于社会维度的调节系数，更大于经济维度的调节系数。二线城市的行动支持度没有通过显著检验的评价维度发挥调节作用，三线城市的消费者通过生态效应（β=0.646，p=0.000）和社会效益（β=0.315，p=0.004）方面的评价可以正向调节到行动支持度，其中生态维度的调节系数大于社会维度的调节系数。其他城市的消费者在生态效应（β=0.641，p=0.000）和社会效益（β=0.238，p=0.040）方面的评价可以正向调节到行动支持度，其中生态维度的调节系数更高于社会维度。

　　总结来看，五个城市属性的消费者在行动支持度上的调节因素方面，二线城市没有找到通过检验的相关项，说明内在分歧较大，需要进一步收集更多样本进行处理；另一个原因可能来自城市属性的分类标准，在消费方面比较多元。另四个城市都有一个共同维度，即 Q2C 生态维度，且有正相关调节效应；其次就是 Q2D 社会维度，也是正向相关性，新一线城市和其他城市的消费和谐化行动支持度均受社会效益的正向调节效应；再次就是 Q2B 经济维度，也反映在一线城市和新一线城市的行动支持度调节因素中。只有新一线城市的消费者可以通过经济效率评价、生态效应评价和社会效益评价三个维度共同调节到行动支持度。

　　在对消费评价各维度与消费和谐化的各维度进行两两相关关系的分类回归分析后，又对相同属性不同分组的样本段进行比较总结，得出众多共性特点，这些相关分析的信息归类，都可以作为更细分属性的消费者群体的特征开展深入细致的研究。在此不再赘述。

可以看到最典型的共性是，调节效应维度中最多正向显著相关于认知支持度、态度支持度和行动支持度的，主要是 Q2C 生态效应评价维度。通常情况下，它们不仅与各支持度有显著相关性，且调节系数均大于其他维度的相关系数。其次就是 Q2D 社会效益评价维度。这个分享经济带来的合作消费评价维度也深刻地调节着人们对消费和谐化的各种支持，是否认知到位，是否愿意参与，是否已经行动，很容易在对应的分类回归方程式中看出一二。且大多数情况下，这两个评价维度都正向调节着支持度。也就是说，如果消费者对生态效应评价越高，或者社会效益评分越高，则说明他们对消费和谐化的支持度，从认知到意愿或者态度，乃至行动，都以积极赞同的情况为主。至于另外两个评价维度，即 Q2A 个人效用评价维度和 Q2B 经济效率评价维度，则有各种变化组合，或者以正向调节作用于支持度，或者也是反向相关于某支持度。其中以个人效用评价与认知支持度反向变化为主，原因之一在于很多消费者没有准确认知健康安全消费的具体要求和内涵，原因之二可能在于大家真的没有参与解决健康安全消费的渠道和方法，所以更希望有政府主导的、不需个人努力付出代价的健康安全消费评价才更好。

7

第七章

多维评价体系的维度优化
及结构方程建模指数分析

第一节　主成分筛选优化评价维度

一、研究数据与分析过程

为了构建消费和谐化多维立体评价体系，首先要选择有效的主要影响变量，比较适合的研究方法为主成分分析方法。运用 Spss19.0 版本的分析功能，选择降维因子分析，将调研问卷中原本设定的四个自变量维度中对应的二十个小变量进一步处理，选择其中对于评价消费和谐化支持度最集中的前四个主成分构成因素，进而去掉相对无效的其他问题对应的小变量，重新组合成四个主成分集合对应的综合变量，替代问卷初始设定的个人、资源、生态、社会维度指标，进一步解释消费和谐化的相关影响方向与程度。

在此利用调研问卷原有数据，运用主成分获得相关变量，进一步组成新的四个综合维度指标，对消费和谐化支持度深入开展多维立体评价。

（一）原有维度指标解释

主成分分析时，先继续选用评价消费和谐的四个自变量维度中的

20 个指标，选取的相关评价指标如表 7-1 所示。

表 7-1 消费和谐化评价体系自变量四维度指标变量名及指标含义

一级变量名 及指标含义	二级变量名及指标含义		
Q2A: 个人评价维度	Q2A1：健康安全认知	Q2A2：支持价格态度	Q2A3： 内在需求态度
	Q2A：信任成本态度	Q2A5：科学消费行动	
Q2B: 经济评价维度	Q2B1：节约资源认知	Q2B2：简易包装态度	Q2B3： 物尽其用态度
	Q2B：旧物重生态度	Q2B5：循环消费行动	
Q2C: 生态评价维度	Q2C1：保护环境认知	Q2C2：避免污染态度	Q2C3： 环境成本态度
	Q2C：源头保护态度	Q2C5：低碳消费行动	
Q2D: 社会评价维度	Q2D1：合作共享认知	Q2D2：互利共赢态度	Q2D3： 协同生活态度
	Q2D：乐于分享态度	Q2D5：协同消费行动	

（二）研究假设

本书的研究假定依旧成立，主要为 H1：个人效用评价维度变量与消费和谐化有正向相关性。其中又分为五个小研究假设，分别对应个人效用层面的五个小变量与消费和谐化的正向相关影响。其他三个评价维度的研究假设类似，具体表述如表 4-2 所示。个人评价维度的研究假设对应为 H1.A.4、H2.A.4、H3.A.4、H4.A.4、H5.A.4；经济评价维度研究假设对应为 H1.B.4、H2.B.4、H3.B.4、H4.B.4、H5.B.4；生态评价维度研究假设对应为 H1.C.4、H2.C.4、H3.C.4、H4.C.4、H5.C.4；社会评价维度研究假设对应为 H1.D.4、H2.D.4、H3.D.4、H4.D.4、H5.D.4。

（三）主成分初步分析过程

运用 Spss19.0 软件，先对调研问卷所获取的 20 个小变量对应的所有数据进行主成分分析，数据处理结果（见表 4-16），KMO 取值大于 0.9，说明数据效度很高，调研问卷的数据来源有效，变量之间的相关性很好，可以做主成分分析。同时，BArtlett 检验的 P 值为 0，说明相关结果比较显著，因而很适合做主成分分析。

根据调研问卷的信度分析，有必要先去除 Q2A3（内在需求态度）和 Q2C3（环境成本态度）两个小变量，对研究假设 H13、H33 结论不支持，假设不成立。再对剩余 18 个小变量进行分析，得出表 7-2 公因子方差结果。

表 7-2　公因子方差

变量	初始	提取	变量	初始	提取
Q2A1	1.00	0.473	Q2C1	1.00	0.632
Q2A2	1.00	0.585	Q2C2	1.00	0.614
Q2A4	1.00	0.530	Q2C4	1.00	0.540
Q2A5	1.00	0.543	Q2C5	1.00	0.607
Q2B1	1.00	0.542	Q2D1	1.00	0.420
Q2B2	1.00	0.559	Q2D2	1.00	0.621
Q2B3	1.00	0.730	Q2D3	1.00	0.657
Q2B4	1.00	0.758	Q2D4	1.00	0.575
Q2B5	1.00	0.554	Q2D5	1.00	0.264

从表 7-2 公因子方差分析可以发现，其中有部分变量相关性不大，如 Q2D5（协同消费行动）变量的公因子方差较小，仅为 0.264，研究假设 H5.D.4 不成立。对应的变量 Q2D5 可以考虑在后期研究过程中适当剔除。

表 7-3 解释的总方差

成分	初始特征值			提取平方和载入			旋转平方和载入		
	合计	方差的 %	累积 %	合计	方差的 %	累积 %	合计	方差的 %	累积 %
1	6.023	33.461	33.461	6.023	33.461	33.461	3.182	17.678	17.678
2	1.825	10.142	43.602	1.825	10.142	43.602	2.547	14.152	31.830
3	1.325	7.359	50.962	1.325	7.359	50.962	2.379	13.215	45.044
4	1.032	5.734	56.695	1.032	5.734	56.695	2.097	11.651	56.695
5	0.911	5.063	61.759	—	—	—	—	—	—
6	0.784	4.357	66.116	—	—	—	—	—	—
7	0.756	4.202	70.319	—	—	—	—	—	—
8	0.727	4.039	74.358	—	—	—	—	—	—
9	0.673	3.736	78.094	—	—	—	—	—	—
10	0.586	3.258	81.352	—	—	—	—	—	—
11	0.544	3.020	84.372	—	—	—	—	—	—
12	0.488	2.713	87.085	—	—	—	—	—	—
13	0.479	2.660	89.745	—	—	—	—	—	—
14	0.468	2.599	92.344	—	—	—	—	—	—
15	0.418	2.323	94.667	—	—	—	—	—	—
16	0.372	2.068	96.734	—	—	—	—	—	—
17	0.309	1.716	98.451	—	—	—	—	—	—
18	0.279	1.549	100.000	—	—	—	—	—	—
提取方法：主成分分析									

表 7-3 分析结果显示，在 18 个小变量中，其中前 4 个主变量已经可以达到近 60% 的解释度。如果选择 16 个相关变量，解释的总方差值为 97，说明选择 16 个指标基本可以解释消费和谐化程度。同时，图 7-1 碎石图也可以反映出类似信息，前四个主成分可以解释大半的方差贡献率，后来的变量贡献率越来越平缓收敛，趋于一致。

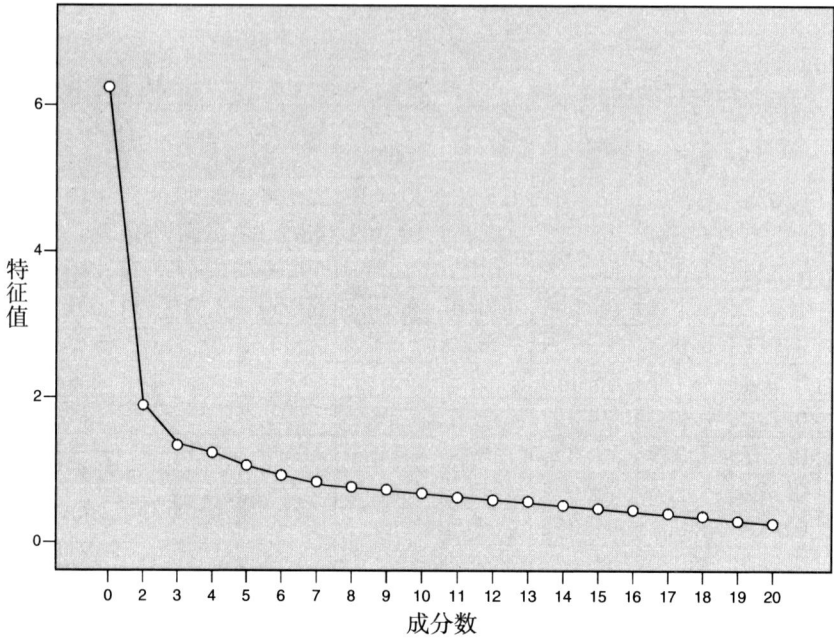

图 7-1　碎石图

第二节　维度主成分优化

一、主成分提取过程

进一步处理数据，得出表 7-4 旋转成分矩阵系数。

表 7-4　旋转成分矩阵 A

变量	成分			
	1	2	3	4
Q2C1	0.751	——	——	——
Q2C5	0.950	——	——	——
Q2C2	0.668	——	——	——
Q2C4	0.623	——	——	——
Q2B1	0.576	——	——	——
Q2B2	0.487	——	——	——
Q2D3	——	0.777	——	——
Q2D4	——	0.722	——	——
Q2D2	——	0.682	——	——
Q2D1	——	0.500	——	——
Q2D5	——	0.448	——	——

续　表

变量	成分			
	1	2	3	4
Q2B4	——	——	0.824	——
Q2B3	——	——	0.813	——
Q2B5	——	——	0.686	——
Q2A2	——	——	——	0.748
Q2A4	——	——	——	0.707
Q2A1	——	——	——	0.655
Q2A5	——	——	——	0.522

提取方法：主成分
旋转法：具有 KAiser 标准化的正交旋转法
A. 旋转在 5 次迭代后收敛

对剔除了 Q2A3（内在需求态度）和 Q2C3（环境成本态度）的所剩
18 个小变量进行数据处理，得出的表 7-5 旋转成分矩阵系数结果表明：
18 个小变量都可以归入四个主成分矩阵。其中主成分 1 包括原来生态评
价维度的 Q2C1、Q2C2、Q2C4、Q2C5 及资源评价维度的 Q2B1、Q2B2 六
个小变量，其中 Q2B2（简易包装态度）变量的相关系数最小，为 0.487，
小于 0.5，可以考虑舍去。主成分 2 正好囊括原来社会评价维度的 Q2D1、
Q2D2、Q2D3、Q2D4、Q2D5 五个小变量，其中 Q2D5（协同消费行动）变
量的相关系数小于 0.5，仅为 0.448，有必要去除。主成分 3 包括的也是原
来就归为同类的资源评价维度的 Q2B3、Q2B4、Q2B5，系数均大约 0.68，
同样已经去除 Q2A3 的另四个个人评价维度的小变量均归入主成分 4，变
量解释系数都大于 0.5，均可被继续采纳使用。

主成分变量选用原则是可以归入四个主成分变量矩阵，同时对应的主成分
的相关系数大于 0.5。也就是说被剔除的四个变量 Q2A3（内在需求态度）、
Q2B2（简易包装态度）、Q2C3（环境成本态度）、Q2D5（协同消费行动）对应

的四个研究假设不成立，分别为研究假设 H3.A.4、H2.B.4、H3.C.4、H5.D.4，基于这种研究假设对应变量的问卷题目设置需要进一步商榷。如表 7-5 所示。

表 7-5　需剔除的变量名

剔除的变量名和含义	对应的研究假设
Q2A3（内在需求态度）	H1. A.4 内在需求态度显著正相关于消费的个人效用体验，进而显著正相关于消费和谐化支持度
Q2B2（简易包装态度）	H2. B.4 简易包装态度显著正相关于消费的经济效率体验，进而显著正相关于消费和谐化支持度
Q2C3（环境成本态度）	H3. C.4 环境成本态度显著正相关于消费的生态效应体验，进而显著正相关于消费和谐化支持度
Q2D5（协同消费行动）	H5. D.4 协同消费行动显著正相关于消费的社会效益体验，进而显著正相关于消费和谐化支持度

依据数据相关系数大小，去除 Q2A3（内在需求态度）、Q2B2（简易包装态度）、Q2C3（环境成本态度）和 Q2D5（协同消费行动）变量，保留下的十六个小变量可以归入四个主成分集合，见表 7-6 所示。

表 7-6　维度主成分优化结果

主成分	变量名及含义	对应维度
1	Q2C1：保护环境认知　QC1：保护环境认知　Q2C2：避免污染态度　Q2C4：源头保护态度　Q2B1：节约资源认知	生态效应评价
2	2D3：协同生活态度　Q2D4：乐于分享态度　2D2：互利共赢态度　Q2D1：合作共享认知	社会效益评价
3	Q2B4：旧物重生态度　Q2B3：物尽其用态度　Q2B5：循环消费行动	经济效率评价
4	Q2A2：支持价格态度　Q2A4：信任成本态度　2A1：健康安全认知　Q2A5：科学消费行动	个人效用评价

二、主成分综合得分

1. 个人变量主成分得分排名

（1）性别属性的主成分综合得分与排名

表7-7　性别的成分因子得分矩阵

性别	因子1	排名
男	-0.70711	2
女	0.70711	1

由于性别只有一个主成分，因此其因子得分排序与最后的主成分得分排序一致，这里就没有计算主成分得分了。得分矩阵结果显示，女性与男性的主成分区别主要来自生态效应评价维度，且正好呈现相反的状况，消费行为有一定的参照性。

（2）不同年龄段消费者的主成分综合得分与排名

表7-8　年龄的成分因子得分矩阵

年龄	因子1	因子2
20岁以下	-1.31	1.00
21～30岁	-0.54	-1.00
31～40岁	0.05	0.10
41～50岁	0.47	-1.05
51～60岁	1.33	0.94

该得分矩阵的数值不是主成分的得分，而是各个变量的因子（用V_i表示）得分，主成分得分是由因子得分乘以相应方差的算术平方根

得到的。设主成分 i 的得分用变量 Zi 表示，则：

主成分 1 的得分=因子 1 得分乘以因子 1 对应方差的算术平方根，即：$Z1 = V1 * sqrt(\lambda i) = V1 * sqrt(6.025)$。

同理，可以计算其余主成分的得分：

主成分 2 的得分=因子 2 得分乘以 1.825 的算术平方根

$= V2 * sqrt(1.825)$

主成分 3 的得分=因子 3 得分乘以 1.325 的算术平方根

$= V3 * sqrt(1.325)$

主成分 4 的得分=因子 4 得分乘以 1.032 的算术平方根

$= V4 * sqrt(1.032)$

主成分得分计算结果见表 7-9。

主成分综合得分计算公式为：

综合得分 $Y = \sum i [\lambda i / (\sum \lambda i) * Zi]$

$= 6.025 / (6.025 + 1.825 + 1.325 + 1.032) * Z1$

$+ 1.825 / (6.025 + 1.825 + 1.325 + 1.032) * Z2$

$+ 1.325 / (6.025 + 1.825 + 1.325 + 1.032) * Z3$

$+ 1.032 / (6.025 + 1.825 + 1.325 + 1.032) * Z4$

最后根据综合得分情况给出各种情况下的主成分排名，具体计算结果以及综合得分排名见表7-9。

表 7-9　年龄属性的主成分得分排名

年龄段分类	成分 1（排名）	成分 2（排名）	综合得分	排名
20 岁以下	−4.87（5）	1.22（1）	−4.28	5
21～30 岁	−2.01（4）	−1.22（4）	−1.93	4
31～40 岁	18（1）	0.12（3）	0.17	3
41～50 岁	1.73（3）	−1.28（5）	1.44	2
51～60 岁	4.97（2）	1.15（2）	4.60	1

　　由表 7-9 不同年龄段的消费者主成分得分排名结果显示，51—60 岁的消费者主成分综合排名第一，其根源来自主成分 1 和主成分 2 的排名都是第二，也就是说这个年龄段的消费者对于消费的生态效应与社会效益的评价都比较高，综合排名也因此是名列前茅。其中主成分 1 即生态消费评价得分最高的为 31—40 岁年龄段消费者，说明他们在环保等方面的重视程度和要求都比较高。而在社会分享评价维度，也就是主成分 2 上得分最高的是 20 岁以下的消费者。21—30 岁的消费者的生态效应评价和社会效益评价都排在主成分 1 和 2 的第四位，最终综合得分为第四名，说明这个年龄段的消费者提升空间还很大。31—40 岁的消费者主成分 1 得分第一，主成分 2 得分第三，但是最终的主成分得分只为第三位。这个年龄段的消费者为什么生态效应评价比其他年龄段消费者高那么多？而特别的 41—50 岁的消费者生态效应评价和社会效益评价排名都锐减，尤其是社会效益评价排名最后，且得分由正再次转负，即便如此，主成分综合得分却上升为第二。

（3）不同个人收入消费者的主成分综合得分与排名

表 7-10　个人收入属性的成分因子得分矩阵

个人月收入	因子 1	因子 2	因子 3	因子 4
3000 元以下	—	-1.43	0.48	0.35
3001～6000 元	0.47	0.09	0.64	-1.60
6001～9000 元	0.89	-0.46	-1.47	0.15
9001～12000 元	0.78	0.66	0.93	1.14
12001～15000 元	-1.25	1.14	-0.58	-0.04

表 7-11　个人收入的主成分得分排名

个人月收入	成分 1（排名）	成分 2（排名）	成分 3（排名）	成分 4（排名）	综合	得分
3000 元及以下	-2.60（4）	-3.1（5）	0.65（3）	0.35（2）	-2.19	5
3001～6000 元	1.37（3）	19（1）	0.86（1）	-1.62（5）	0.77	3
6001～9000 元	2.5（1）	-1.0（4）	-1.9（5）	0.15（3）	0.83	2
9001～12000 元	2.26（2）	1.44（3）	1.26（4）	1.15（1）	1.83	1
12001～15000 元	-3.61（5）	2.50（2）	-0.78（2）	-0.04（4）	-1.23	4

表 7-11 的个人收入主成分得分排名结果显示，个人月收入 9001~12000 元的消费者排名第一，且主要贡献来源于主成分 4 排名第一、主成分 1 排名第二，也就是说这个收入段的消费者在个人效用评价方面最突出，对应生态效应评价也较高。个人月收入 6001~9000 元的消费者排名第二，他们的主要得分来自主成分 1，即生态效应方面的得分高居榜首；其次就是主成分 4，即个人效用评价方面的得分位居第三，说明他们开始注重追求健康安全的生活。个人月收入 3001~6000 元的消费者排名第三，其主要贡献在于主成分 2 和 3 的排名均为第一，也就是他们在社会分享效应

和资源节约效率方面的评价非常高，这两者的评价其实都是对于资源的充分利用意识和态度乃至行动的积极表现。排名第四的是高收入群体，在此调研问卷中，因为后续收入段的样本数量有限，主要研究的是个人月收入在 12001~15000 元的消费者。这个收入段的消费者虽然在主成分 2 和 3 方面排名均为第二，却在主成分 1 上落后其他群体分数很多，同时在主成分 4 方面得分倒数第二。这个高收入段的消费者更侧重社会效益评价和资源节约效率评价，却放松了生态效应的包含评价和个人健康安全的科学消费评价追求。与此对应的是排名最后的个人月收入 3000 元及以下的消费群体，但是他们最失分的地方在于主成分 1 和主成分 2，也就是说个人收入的变化中，人们对于生态效应的重视与追求方面，个人月收入在 6001~9000 元的消费者起到一个标杆作用，一定程度上给其他收入段消费者做了良好示范。而个人月收入在 3001~6000 元的消费者在个人资源与社会资源的充分利用方面做了很好的榜样。9001~12000 元个人月收入的消费群体，在个人消费的健康安全等方面既有意识又有行动，也可以说基本处于同时具备健康安全消费的欲望与能力阶段。

2. 消费者家庭变量对应的主成分得分排名

（1）不同婚姻状况的消费者的主成分综合得分与排名

表 7-12　不同婚姻状况的消费者成分因子得分矩阵

婚否	因子 1	排名
婚姻 1（已婚）	0.7011	1
婚姻 2（未婚）	-0.70711	2

由于不同婚姻状况的消费者在主成分分析中的主要区别只有一个，因此其因子得分排序与最后的成分得分排序一致，可以理解为主成分得分排

名上，已婚消费者高于未婚消费者。他们的区别主要缘于消费的生态效应评价有极大差别，男性消费者在消费上的生态保护常识及意愿和行动还有很大的努力空间。

(2) 不同家庭月收入者的主成分综合得分与排名

表 7-13   不同家庭月收入者的成分因子得分矩阵

个人月收入	因子 1	因子 2	因子 3	因子 4
5000 元及以下	0.829	-0.997	-0.019	1.575
5001～10000 元	0.624	0.930	0.160	-0.300
10001～20000 元	0.256	1.219	0.904	0.146
20001～30000 元	0.117	0.164	-1.893	-0.498
30001～40000 元	-1.956	-0.041	0.097	0.469
40001 元及以上	0.129	-1.275	0.750	-1.392

表 7-14   不同家庭月收入者的主成分得分排名

变量属性	成分 1 (排名)	成分 2 (排名)	成分 3 (排名)	成分 4 (排名)	综合得分	排名
5000 元及以下	2.036 (1)	-1.347 (5)	-0.021 (5)	1.600 (1)	1.120	2
5001～10000 元	1.532 (2)	1.256 (2)	0.184 (3)	-0.305 (4)	1.122	1
10001～20000 元	0.628 (3)	1.647 (1)	1.040 (1)	0.147 (3)	0.815	3
20001～30000 元	0.288 (5)	0.221 (3)	-2.179 (6)	-0.506 (5)	-0.124	4
30001～40000 元	-4.801 (6)	-0.055 (4)	0.112 (4)	0.476 (2)	-2.78	6
40001 元及以上	0.318 (4)	-1.722 (6)	0.862 (2)	-1.413 (6)	-0.151	5

由表 7-14 不同家庭月收入者的主成分得分排名情况可知，综合得分

排名第一的为 5001~10000 元段，主成分中贡献最大的是 1 对应的生态效应评价维度和 2 对应的社会效益评价维度，两者分别在主成分 1 和 2 中排名第二；综合得分排名第二的为 5000 元以下段，主成分中贡献最大的是 4 对应的个人健康安全评价维度和 1 对应的生态效应评价维度，两者分别在主成分 1 和 4 中排名第一，说明这个收入段的消费者对于消费的个人健康安全评价较高，可能与他们的消费主要用于日常生存消费有关；综合得分排名第三的是 10001~20000 元消费群体，他们在主成分 2 对应的社会资源分享效应评价和主成分 3 对应的个人资源节约循环评价方面的得分均为第一，说明这个收入段的消费群体资源利用意识强，行动也比较到位，但在健康安全和环境保护相关的消费方面还有很多要求没有实现。排名落后的主要在月收入超过 3 万的两个样本段，但他们在意的消费评价角度还是有所差别。比如家庭月收入在 30001~40000 元的消费者对于主成分 4 的排名靠前，为第二，主成分 1 的排名却排位最后。同时在成分 2 和 3 分别对应的社会资源和个人资源充分利用方面得分也较少，排名均为第四，综合得分最差，为-2.78 分。排名第五的是家庭月收入为 40001 元及以上的消费群体，他们的主要失分项在于主成分 2 和主成分 4，也就是在对应的社会效益评价和个人效用评价上拖了后腿。这可以从两方面理解，一方面是他们对社会分享消费或者健康安全消费方面期望太多、太高，另一方面是他们在具体的认知、意识和行动方面还有待加强。不论怎样，都很值得进一步分析原因。

（3）不同家庭人口规模的消费者主成分综合得分与排名

表 7-15　家庭人口规模的成分因子得分矩阵

人数	因子 1	因子 2	因子 3
家庭人口 1	0.90	1.15	0.89
家庭人口 2	0.70	-0.52	-0.02
家庭人口 3	0.53	-1.08	-0.70
家庭人口 4	-0.81	0.98	-1.25
家庭人口 5	-1.32	-0.52	1.08

表 7-16　不同家庭人口规模的消费者主成分得分排名

	成分 1（排名）	成分 2（排名）	成分 3（排名）	综合得分	排名
家庭人口 1	2.84（1）	2.25（1）	1.07（2）	2.52	1
家庭人口 2	2.20（2）	-1.02（3）	-0.03（3）	1.17	2
家庭人口 3	1.67（3）	-2.12（5）	-0.84（4）	0.47	3
家庭人口 4	-2.55（4）	1.92（2）	-1.50（5）	-1.32	4
家庭人口 5	-4.16（5）	-1.03（4）	1.30（1）	-2.85	5

由表 7-16 不同家庭人口规模的消费者主成分得分排名结果显示，家庭人口越少的，综合排名得分越靠前；而家庭人口越多的，综合排名为最后。这个内在的结构性原因可能出于他们在主成分 1 的得分，恰好也是如此次序。家庭人口少于 3 人的消费者，主成分 1 对应的生态效应评价得分为正，而家庭人口越多，主成分 1 得分为负，综合得分越低。家庭人口多少的差别还体现在主成分 3 对应的经济效率评价维度上，一方面是家庭人口为 5 及以上时，主成分 3 的得分最高，排名第一；另一方面就是随着家庭人口规模逐步增加，对于主成分 3 的经济效率评价得分就越来越低。三

口之家还有一个特点，就是在主成分2对应的社会分享效率方面评价最低，在此项排名最后，这也许与他们的社交消费主要集中在孩子教育领域有关。而此项得分的排名依次是第2、3、4、5名的分别为四口之家、两口之家和一人之家，然后才是大规模家庭。

3. 消费者文化、职业、城市变量对应的主成分得分排名

（1）不同文化水平消费者的主成分综合得分与排名

表7-17 不同文化水平消费者的成分因子得分矩阵

文化水平	因子1	因子2
高中（含）以下	0.94	-0.94
大专、本科	-0.60	0.43
硕士研究生	0.23	1.20
博士研究生	1.31	-0.69

表7-18 不同文化水平消费者主成分得分排名

文化水平	成分1（排名）	成分2（排名）	综合得分	排名
高中（含）以下	-2.72（4）	-2.44（4）	-2.60	4
大专、本科	-1.74（3）	1.12（2）	-0.47	3
硕士研究生	0.67（2）	3.10（1）	1.75	1
博士研究生	3.79（1）	-1.79（3）	1.32	2

由表7-18的不同文化水平消费者的主成分得分排名结果可见，硕士研究生对应的消费评价主成分排名为第一，其中主成分2对应的社会效益评价也是同项排名第一，主成分1对应的生态效应评价排名也居前，为同项第二；综合排名第二的博士研究生消费者，在主成分1对应的生态效应评

价维度上的同项排名第一，只是在主成分2上的得分为负值，排名偏后；最典型的是高中（含）以下的消费者，他们不论在主成分1还是主成分2上的排名都属最后，综合得分也是第四。而在主成分1的得分排名方面，的确可以看出文化程度与消费和谐化对应的生态效应评价呈正相关性。

（2）不同职业消费者的主成分综合得分与排名

表7-19 不同职业属性消费者的成分因子得分矩阵

职业属性	因子1	因子2	因子3	因子4
学　生	-1.8	1.50	-0.13	-0.12
政府工作人员	0.61	0.12	0.71	0.32
企业从业人员	-0.32	-0.69	0.49	1.64
事业单位人员	0.50	-0.11	1.23	-1.26
商业/服务业从业人员	-0.75	-1.39	-0.97	-0.75
其他（自由职业者、全职家庭人员、离退休人员）	1.35	0.57	-1.33	0.17

表7-20 不同职业属性消费者的主成分得分排名

职业属性	成分1（排名）	成分2（排名）	成分3（排名）	成分4（排名）	综合得分	排名
学　生	-4.37（6）	2.65（1）	-0.14（4）	-0.13（4）	-2.32	6
政府工作人员	1.94（2）	0.21（3）	0.80（2）	0.34（2）	1.38	2
企业从业人员	-1.02（4）	-1.23（4）	0.55（3）	1.74（1）	-0.74	4
事业单位人员	1.58（3）	-0.19（5）	1.38（1）	-1.33（6）	1.00	3
商业/服务业从业人员	-2.39（5）	-2.46（6）	-1.09（5）	-0.80（5）	-2.18	5
其他（自由职业者、全职家庭人员、离退休人员）	4.27（1）	1.02（2）	-1.50（6）	0.18（3）	2.86	1

由表 7-20 不同职业属性消费者的主成分得分排名可知，影响不同职业消费者的主成分比较全面，也比较复杂。综合排名得分依次为其他（自由职业者、全职家庭、离退休人员）、政府工作人员、事业单位人员、企业从业人员、商业或服务业从业人员及学生。其中学生代表的群体比较特别，他们的主成分综合得分排名最后，还可以看到他们在各主成分构成中排名都相对偏后，唯独在主成分 2，即社会效益评价维度上得分最高，排名第一，这个研究结果与年龄段中的 20 岁之下群体的主成分 2 即社会效益维度排名第一的结果遥相呼应。综合排名第五的商业或服务业从业人员四个主成分得分排名普遍较后，尤其在主成分 2 即社会效益评价得分为最后一名。这样的结构排名比较，也更好地反映出不同消费群体即便名次接近，却可能在主成分的评价结构方面有着天壤之别，需要具体情况具体分析。综合排名第二的政府工作人员在四个主成分上得分排名都比较均衡，基本处于整体排名第二的位置。排名第三的事业单位人员在主成分 3 即经济效率评价维度上的得分比较突出，位列前茅，而形成鲜明对比的排名是在主成分 4 即个人效用评价维度上得分排名第六。企业从业人员的综合排名得分为第 4，在主成分 4 即个人效用评价维度方面得分为同项第一。

（3）不同城市消费者的主成分综合得分与排名

同样，可由 Spss19.0 计算各类城市的主成分得分矩阵，见表 7-21。

表 7-21　各城市成分因子得分矩阵

城市分类	因子 1	因子 2	因子 3	因子 4
一线城市 1	0.10	0.30	-0.54	1.68
新一线城市 2	1.59	-0.35	0.67	-0.29
二线城市 3	-0.81	1.05	1.18	-0.24
三线城市 4	-0.89	-1.55	0.06	-0.13
其他城市 5	0.01	0.55	-1.37	-1.02

表 7-22　各城市消费者主成分得分排名

城市分类	成分 1（排名）	成分 2（排名）	成分 3（排名）	成分 4（排名）	综合得分	排名
一线城市 1	0.29（2）	0.57（3）	-0.75（4）	1.88（1）	36	2
新一线城市 2	4.82（1）	-0.67（4）	0.93（2）	-0.33（4）	2.68	1
二线城市 3	-2.46（4）	2.01（1）	1.63（1）	-0.26（3）	-0.76	4
三线城市 4	-2.68（5）	-2.98（5）	0.08（3）	-0.15（2）	-2.22	5
其他城市 5	0.02（3）	1.06（2）	-1.89（5）	-1.14（5）	-0.06	3

表 7-22 各城市消费者主成分得分排名结果显示，新一线城市、一线城市、其他城市、二线城市、三线城市的主成分综合排名依次下降。其中综合排名第一的新一线城市，主成分 1 对应的生态效应评价得分最高，排名也在第一，而主成分 2 和 4 分别对应的社会效益评价和个人效用评价排名分别为同项中的倒数第二位。综合排名第二的一线城市，最突出的得分排名在于主成分 4 即个人效用评价排名，名列同项榜首。综合排名第三的其他城市，只有在主成分 2 对应的社会效益评价得分居同项第

二，而在主成分 3 和 4，即分别对应的经济效率评价和个人效用评价方面得分为同项第五，且得分均为负。在主成分 1 和 2 对应的生态效应评价和社会效益评价中排名同项得分最末的三线城市，在综合得分方面的排名为第五，且在主成分 1 和 3 的得分都为较大的负值。

要说明的是，主成分分析法只能为研究者提供降维或者集中处理数据的分析，本身并不能直接进行完整评价。所以以上的排名，不论是针对综合得分排名，还是针对四个主成分的得分排名，都只能作为研究数据中相关评价维度的相对重要性的参考，本身并不能直接用来评价消费和谐化的现状和原因。

因此，要全面有效地构建更为完整的消费和谐化多维评价体系，需要在主成分分析的基础上进一步构建结构方程式来解答。

第三节　多维评价总体结构方程构建

如果说主成分分析法主要起到给数据降维或者集中处理的效果，那么结合结构方程建模，就可以得到更为完美准确的研究方程式，便于进一步对消费和谐化程度进行评价。

一、建模路径

本书选用结构方程式分析软件 Amos 力求构建消费和谐化多维评价体系模型。结构方程式分析法主要在相关因素分析与路径设定图形标表述上简单明了，有利于本书实现评价消费和谐化程度的目标。在此，以主成分方法优化后的 16 个小变量为自变量，分析他们对主成分评价维度，也就是本书设定的个人、资源、生态、社会四维度的评价分支变量的相互关系，进而再得出对于消费和谐化支持度的影响系数，并由此构建结构方程便于进一步的评价分析。

表 7-23 结构方程建模的指标变量名及指标含义

一级变量名 及指标含义	二级变量名及指标含义		
A: 个人评价维度	Q2A1：健康安全认知	Q2A2：支持价格态度	—
	Q2A4：信任成本态度	Q2A5：科学消费行动	
B: 经济评价维度	Q2B3：物尽其用态度	Q2B4：旧物重生态度	Q2B5：循环消费行动
C: 生态评价维度	Q2C1：保护环境认知	Q2C2：避免污染态度	Q2C4：源头保护态度
	Q2C5：低碳消费行动	Q2B1：节约资源认知	
D: 社会评价维度	Q2D1：合作共享认知	Q2D2：互利共赢态度	Q2D3：协同生活态度
	Q2D4：乐于分享态度	—	
F: 消费和谐支持	Q2E1：消费认知	Q2E2：消费态度	Q2E1：消费行动

　　根据 Spss19.0 的主成分分析结果，重新将模型指标进行分类，其中个人评价指标包含健康安全认知、支持价格态度、信任成本态度、科学消费行动，经济评价维度则只包含物尽其用态度、旧物重生态度、循环消费行动等四个变量，生态评价维度包括保护环境认知、避免污染态度、源头保护态度、低碳消费行动、节约资源认知五个变量度，社会评价维度包含合作共享认知、互利共赢态度、协同生活态度、乐于分享态度等四个变量，构建消费和谐化评价体系理论模型。

　　以健康安全认知、支持价格态度、信任成本态度、科学消费行动、物尽其用态度、旧物重生态度、循环消费行动、保护环境认知、避免污染态度、源头保护态度、低碳消费行动、节约资源认知、合作共享认知、互利共赢态度、协同生活态度、乐于分享态度为自变量，个人评价维度、经济评价维度、生态评价维度、社会评价维度为潜变量，以消费者认知、消费者态度和消费者行动为自变量，消费者和谐消费支持为潜变量，构建个人评价维度、经济评价维度、生态评价维度、社会评价维度对消费和谐支持理论关系模型（见图 7-2）。其研究假设来源由施莱夫施泰因(Schifferstein)、奥普伊斯（Ophuis）研究发现，教育水平会影响有机食品消费者的购买群体。购买有机食品的主要原因在于有利于身心健康、保护环境，且有更好的品味。同时也证实了有机食品购买源于一种意识形态，是一种特定的价值体系，会影响消费者的消费习惯、态度和行为。

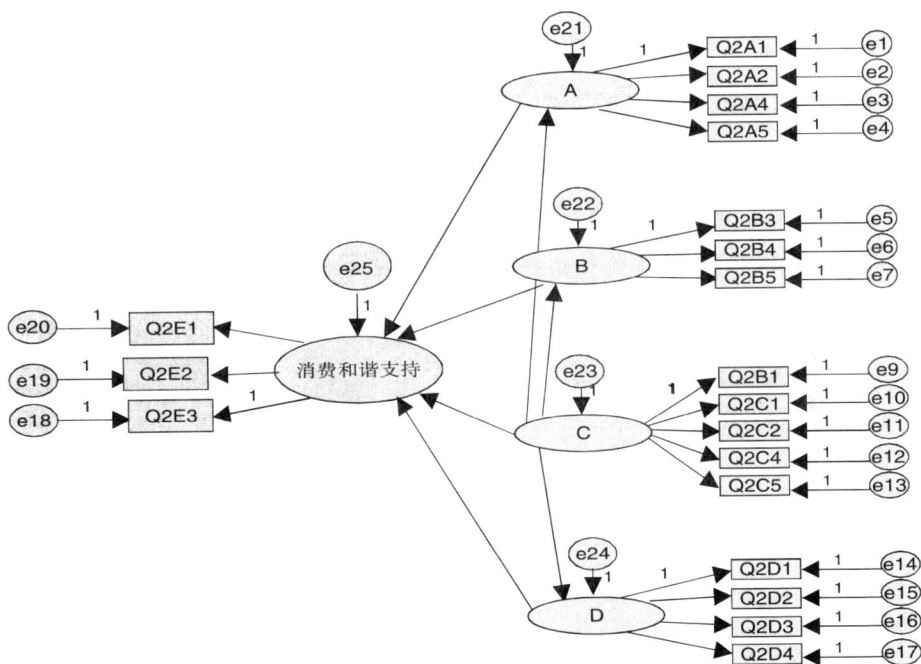

图 7-2 消费和谐化多维评价理论路径图

以 Amos21.0 软件为分析工具，将本研究的 722 份调查问卷的数据对消费和谐化理论关系假设模型进行结构方程模型的拟合，拟合结果（见表 7-24）表明，各项估计参数的显著性良好。

表 7-24　理论模型拟合度检验

指标	绝对拟合度			简约拟合度		增值拟合度		
分级指标	X^2/df	GFI	RMSEA	PCFI	PNFI	CFI	NFI	IFI
评价标准	小于 4	大于 0.9	小于 0.08	大于 0.5	大于 0.5	大于 0.9	大于 0.9	大于 0.9
模型结果	3.985	0.920	0.067	0.777	0.762	0.918	0.898	0.916
拟合情况	理想	理想	理想	理想	理想	理想	趋于理想	理想

从表 7-24 的理论模型拟合度来看，除了增值拟合度中的 NFI 指标只是接近稍低于 0.9 的标准值，其他模型拟合度的检验指标都达到或者超过基本标准，说明此理论与模型的拟合度很高。也就是不论按绝对拟合度标准，还是简约拟合度标准，都非常适合结构方程建模。增值拟合度也基本趋于理想。模型拟合检验结果都表明，该模型比较好地拟合了个人评价维度、经济评价维度、生态评价维度、社会评价维度对消费和谐支持理论关系，因此可以据此进一步构建消费和谐化多维评价指数体系，合理化评价消费状况。维度优化后模型拟合系数见表7-25。

表 7-25　维度优化后的模型拟合系数

维度优化	Estimate	标准误差（SE）	组合信度（CR）	P
B 经济新维度 ← C 生态新维度	0.713	0.047	15.210	***
D 社会新维度 ← C 生态新维度	0.646	0.050	12.853	***
A 个人新维度 ← C 生态新维度	0.395	0.032	12.240	***
F 消费和谐化支持 ← A 个人新维度	0.079	0.078	1.024	0.306
F 消费和谐化支持 ← B 经济新维度	−0.003	0.045	−0.061	0.951
F 消费和谐化支持 ← C 生态新维度	0.619	0.084	7.365	***
F 消费和谐化支持 ← D 社会新维度	0.322	0.066	4.912	***
Q2A1 健康安全认知 ← A 个人新维度	1.000	—	—	—

续　表

维度优化	Estimate	标准误差（SE）	组合信度（CR）	P
Q2A2 支持价格态度 ← A 个人新维度	1.371	0.098	13.918	***
Q2A4 信任成本态度 ← A 个人新维度	1.452	0.102	14.294	***
Q2A5 科学健康行动 ← A 个人新维度	1.704	0.119	14.290	***
Q2B3 物尽其用态度 ← B 经济新维度	1.000	—	—	—
Q2B4 旧物重生态度 ← B 经济新维度	1.205	0.055	21.870	***
Q2B5 循环消费行动 ← B 经济新维度	0.606	0.038	15.775	***
Q2B1 节约资源认知 ← C 生态新维度	1.000	—	—	—
Q2C1 保护环境认知 ← C 生态新维度	0.838	0.043	19.351	***
Q2C2 避免污染态度 ← C 生态新维度	0.885	0.046	19.112	***
Q2C4 源头保护态度 ← C 生态新维度	0.971	0.053	18.285	***
Q2D1 合作共享认知 ← D 社会新维度	1.000	—	—	—
Q2D2 互利共赢态度 ← D 社会新维度	0.843	0.064	13.136	***
Q2D3 协同生活态度 ← D 社会新维度	1.135	0.080	14.224	***
Q2D4 乐于分享态度 ← D 社会新维度	0.979	0.069	14.177	***
Q2C5 低碳消费行动 ← C 生态新维度	1.067	0.059	18.245	***
Q2E3 行动支持度 ← F 消费和谐化支持	1.000	—	—	—
Q2E2 态度支持度 ← F 消费和谐化支持	1.086	0.038	28.499	***
Q2E1 认知支持度 ← F 消费和谐化支持	0.939	0.039	24.034	***

表 7-25 对消费和谐化多维评价体系路径的数据处理结果是基于将第三评价维度即生态设定为标准值 1，以此界定其他三个维度的相对系数关系。回归系数显著检验结果可以说明，优化后的其他三个评价维度中，中介效应比较明显的是资源评价维度和社会评价维度，估计参数分别为 0.782 和 0.742。比较而言，个人效用评价维度的中介效应要弱些，相对系数为 0.324。每个主成分变量内部的相关系数检验都很显著，这说明极大似然估计模型能较好达到验证研究假定的目标。将数据进一步做标准化处理，得

到表 7-26 标准化系数。

表 7-26 标准化系数

维度优化	Estimate
B 经济新维度 ← C 生态新维度	0.686
D 社会新维度 ← C 生态新维度	0.730
A 个人新维度 ← C 生态新维度	0.656
F 消费和谐化支持 ← A 个人新维度	0.596
F 消费和谐化支持 ← B 经济新维度	0.633
F 消费和谐化支持 ← C 生态新维度	1.035
F 消费和谐化支持 ← D 社会新维度	0.690
Q2A1 健康安全认知 ← A 个人新维度	0.563
Q2A2 支持价格态度 ← A 个人新维度	0.658
Q2A4 信任成本态度 ← A 个人新维度	0.693
Q2A5 科学健康行动 ← A 个人新维度	0.693
Q2B3 物尽其用态度 ← B 经济新维度	0.761
Q2B4 旧物重生态度 ← B 经济新维度	0.869
Q2B5 循环消费行动 ← B 经济新维度	0.551
Q2B1 节约资源认知 ← C 生态新维度	0.702
Q2C1 保护环境认知 ← C 生态新维度	0.696
Q2C2 避免污染态度 ← C 生态新维度	0.687
Q2C4 源头保护态度 ← C 生态新维度	0.655
Q2D1 合作共享认知 ← D 社会新维度	0.554
Q2D2 互利共赢态度 ← D 社会新维度	0.600
Q2D3 协同生活态度 ← D 社会新维度	0.690
Q2D4 乐于分享态度 ← D 社会新维度	0.685
Q2C5 低碳消费行动 ← C 生态新维度	0.654
Q2E3 行动支持度 ← F 消费和谐化支持	0.789
Q2E2 态度支持度 ← F 消费和谐化支持	0.894
Q2E1 认知支持度 ← F 消费和谐化支持	0.753

　　表 7-26 数据处理结果表明，标准化处理后的系数，更为全面准确地体现出 16 个小变量对四个主成分或者四个优化后的评价新维度的相关系数。比如在个人效用评价新维度（A）中，变量 Q2A1（健康安全认知）、Q2A2（支持价格态度）、Q2A4（信任成本态度）、Q2A5（科学消费行动）的相关系数分别为 0.563、0.658、0.693、0.693；在资源效率评价新维度中，变量 Q2B3（物尽其用态度）、Q2B4（旧物重生态度）、Q2B5（循环消费行动）的相关系数分别为 0.761、0.869、0.551。调整前本归属第二维度，也就是资源节约评价维度（B）的 Q2B1（节约资源认知）变量更支持生态评价新维度（C），相关系数为 0.693；同时还有变量 Q2C1（保护环境认知）、Q2C2（污染危害态度）、Q2C4（源头保护态度）、Q2C5（低碳消费行动）与生态效应评价新维度（C）的相关系数分别为 0.702、0.696、0.687、0.655；关系到社会效益评价新维度（D）的变量 Q2D1（合作共享认知）、Q2D2（互利共赢态度）、Q2D3（协同生活态度）、Q2D4（乐于分享态度）的相关系数分别为 0.554、0.600、0.690 和 0.685。关系到消费支持总维度（F）的变量是消费认知支持度（Q2E1）、消费态度支持度（Q2E2）和消费行动支持度（Q2E3）等因变量，他们的相关系数分别为：0.789、0.894 和 0.753。这 16 个变量对于消费支持总维度（F）的影响通过个人效用评价新维度（A）、经济效率评价新维度（B）、生态效应评价新维度（C）、社会效益评价新维度（D）共同发生直接效应作用，对应的相关系数分别为 0.596、0.633、1.035、0.690。同时生态效应评价新维度（C）又通过个人效用评价新维度（A）、经济效率评价新维度（B）、社会效益评价新维度（D）对消费支持总维度（F）发挥作用，生态维度对 A 个人效用评价维度、B 经济效率评价维度、D 社会效益评价维度的影响系数分别为 0.656、0.686、0.730。

第四节　多群组结构方程建模及模型评价

不同的消费者人口统计变量对消费者和谐化支持有不同的影响，因此本节将在总体结构建模基础上，结合不同人口统计变量进行分群组结构方程建模，以从不同角度对多维评价结构模型进行验证。

一、分群组结构方程建模分析

由第六章的多维评价的人口变量调节效应研究可知，社会人口统计变量对于消费评价维度与消费和谐化支持的作用具有差异性的调节作用。在主成分优化维度处理后，人口统计变量的调节作用也可以运用多群组结构方程建模来体现。

多群组结构方程建模可以解释本书所提出的研究假设和研究模型可否适用于不同样本，比如不同人口变量的消费者群体。根据图7-2构建的消费和谐化多维评价路径模型，分别对不同人口统计变量对应的消费群体进行拟合检验，不仅进一步审视了多维评价模型的适用价值，也更好地解释了不同群体特征消费者在消费和谐化进程中的调节作用。

（一）不同性别变量的结构方程建模结果分析

在第六章对原维度的调节效应分析时，可以很明显地看到女性比男性的调节效应更明显更主动。在对维度进行主成分筛选优化后，分群组结构建模是否有相似的检验效果？具体结果见表 7-27 所示。

表 7-27　不同性别群组的建模结果分析

性别	男性	女性
F 消费和谐化支持 ← A 个人评价新维度	0.025	0.040
F 消费和谐化支持 ← B 经济评价新维度	0.139*	−0.080
F 消费和谐化支持 ← C 生态评价新维度	0.571***	0.593***
F 消费和谐化支持 ← D 社会评价新维度	0.114	0.341***
X^2/df	2.34	4.386
GFI	0.886	0.907
RMSEA	0.070	0.071

如表 7-27 所示，女性在生态和社会评价新维度方面都能显著正向调节到消费和谐化支持度，男性则主要体现为生态评价新维度调节作用，且女性比男性的调节系数更大、更多元。这些结论与第六章对消费评价原维度促进消费和谐化的路径性别差异相互验证。值得说明的是，本模型模拟中的 X^2/df 常见标准为小于 4，但是实践过程中，发现其与样本数量有关，一般而言，样本数据越多，则取值相对越大。所以在此模型中，因为女性消费样本数比男性更多，模型构建具有理想参数与显著检验效果。

（二）不同年龄变量的结构方程建模结果分析

消费者的年龄变量是否对应消费和谐化评价体系的不同路径差异？在分群组结构建模结果检验中，主要有 21—30 岁和 31—40 岁的群体模型通过显著性检验，具体结果如表 7-28 所示。

表 7-28　不同年龄群组的建模结果分析

年龄	21—30 岁	31—40 岁
F 消费和谐化支持 ← A 个人评价新维度	0.140	-0.067
F 消费和谐化支持 ← B 经济评价新维度	-0.029	-0.317**
F 消费和谐化支持 ← C 生态评价新维度	0.491*	0.908***
F 消费和谐化支持 ← D 社会评价新维度	0.268**	0.234**
X^2/df	2.248	2.349
GFI	0.837	0.852
RMSEA	0.083	0.080

如表 7-28 所示，不同年龄群组的结构方程建模结果显示，消费评价的四个新维度即个人、经济、生态和社会（分别对应变量 A、B、C、D）对消费和谐化总支持维度（F）的结构方程模型拟合度比较好，各个估计参数也比较合理，建模可行。但是模型检验结果中，只有 21—30 岁和 31—40 岁群体对消费和谐化评价体系构建具有调节效应，主要是因为其他年龄组由于分组数据不足以达到结构建模，无法完成分群组结构方程建模求解。可以发现，对于 21—30 岁的消费群体而言，社会评价新维度（D）和生态评价新维度（C）的调节作用相对显著，系数分别为 0.491 和 0.268，而个人评价新维度（A）与经济评价新维度（B）的调节作用并不显著；对于 31—40 岁的消费群体而言，生态评价新维度（C）对消费和谐化的调节效应非常显著，相关系数高达 0.908，社会评价新维度（D）的调节系数也有 0.234，经济评价新维度（B）的调节系数呈现负相关，为 -0.317，个人评价新维度（A）的调节作用不显著。以上检验结果主要可以看出这两个年龄段的消费者在生态评价和社会评价新维度上依旧具有明显的作用力，但 31—40 岁年龄段的消费群体可能因为收入正处于上升阶段或者是生命周期理论中的收入大于消费的正储蓄阶段，从而在资源的循环节约利用方面稍显浪费和随意使用性。至于两个年龄段在个人效用评价新维度方面的

调节作用都不显著，可以理解为当前这两个年龄段的消费群体在关注健康安全消费方面，还没有形成完全统一的评价体系。

（三）个人不同月收入变量的结构方程建模结果分析

个人月收入变量对消费和谐化的评价路径是否有不同调节作用，由表 7-29 分析结果可见一斑。

表 7-29　不同个人月收入群组的建模结果分析

个人收入	3001～6000 元	6001～9000 元	9001～12000 元	15001 元及以上
F 消费支持度 ← A 个人评价新维度	0.032	0.055	0.059	0.119
F 消费支持度 ← B 经济评价新维度	−0.014	−0.040	0.082	−0.004
F 消费支持度 ← C 生态评价新维度	0.661***	0.559***	0.279	0.399
F 消费支持度 ← D 社会评价新维度	0.179**	0.304***	0.554***	0.343
X^2/df	3.080	3.007	1.699	1.700
GFI	0.904	0.860	0.818	0.813
RMSEA	0.069	0.084	0.078	0.083

如表 7-29 所示，以不同个人月收入变量分群组的结构方程建模中，个人月收入处于 3001~6000 元、6001~9000 元时，消费者在生态和社会评价新维度方面对消费和谐化评价支持有显著正相关调节关系；而在 9001~12000 元阶段时，消费群体只在社会评价新维度上对消费和谐化支持呈显著调节关系；在个人月收入达到 15000 元以上时，消费群体的消费评价再次出现分化，优化后的所有评价新维度与消费和谐化评价的支持度都没有显著相关关系。此结果一方面再次验证了消费者在生态维度上的评价调节效应最大，另一方面也反映出个人月收入处于中间阶段的消费群体

对消费评价的调节效应最明显。

（四）不同婚姻状况变量的结构方程建模结果分析

消费群体处于不同婚姻状况，是否也会对消费和谐化评价的路径带来不同调节作用，表 7-30 给予我们具体的数据处理答案。

表 7-30 不同婚姻状况群组的建模结果分析

婚否	未婚	已婚
F 消费支持度 ← A 个人评价新维度	0.036	0.072
F 消费支持度 ← B 经济评价新维度	0.023	−0.065
F 消费支持度 ← C 生态评价新维度	0.524***	0.616***
F 消费支持度 ← D 社会评价新维度	0.285***	0.245**
X^2/df	3.947	2.567
GFI	0.887	0.914
RMSEA	0.077	0.061

以消费者的婚姻状况进行分群组结构方程建模时（见表 7-30 所示），可以发现不论是已婚还是未婚的消费群体，他们都在生态和社会评价新维度上对消费和谐化评价支持存在显著的正相关调节关系。相比较而言，已婚群体在生态评价方面的调节效应稍大，这与已婚群体更关心自身与家人的生态环境健康有一定关联。

（五）不同家庭规模变量的结构方程建模结果分析

对具有不同家庭规模的消费群体做分群组结构方程建模，并对比检验数据，具体结果如表 7-31 所示。

表 7-31　不同家庭人口规模的群组的建模结果分析

家庭人口数	1 人	2 人	3 人	4 人	5 人及以上
F 消费支持度 ← A 个人评价新维度	0.317***	-0.144	0.117	0.011	-0.026
F 消费支持度 ← B 经济评价新维度	0.003	0.030	-0.037	0.023	0.000
F 消费支持度 ← C 生态评价新维度	0.675***	0.592**	0.545***	0.528***	0.829***
F 消费支持度 ← D 社会评价新维度	0.220**	0.370**	0.310***	0.313***	0.007
X^2/df	2.425	1.495	3.086	1.879	2.004
GFI	0.575	0.838	0.892	0.899	0.833
RMSEA	0.202	0.066	0.074	0.060	0.081

通过对家庭人口规模变量的结构方程建模结果分析可知（见表 7-31），在 1 人之家中，消费者的个人评价新维度、生态评价新维度和社会评价新维度对消费和谐化评价支持存在显著正相关关系；在 2 人、3 人和 4 人家庭中，生态和社会维度对消费和谐化评价支持也有显著正相关关系；在五人及以上规模的家庭中，则只有生态评价新维度存在正相关调节效应。由此可以看出，生态评价新维度是不同家庭人口规模消费群体发挥其调节作用的主要渠道，其次就是社会评价新维度的调节作用。他们在资源节约循环方面的调节效应均不明显，可能因为当前消费者的意识还比较缺乏。1 人之家还能够通过个人效用评价新维度对消费和谐化评价支持发挥正向调节作用，可能与自由之身的消费比较重视自我效用感知有关。

（六）不同文化变量的结构方程建模结果分析

对具有不同文化程度的消费群体做分群组结构方程建模，并对比检验数据，具体结果如表 7-32 所示。

表 7-32 不同文化程度群组的建模结果分析

文化程度	高中及以下	专科本科	硕士	博士
F 消费支持度 ← A 个人评价新维度	−0.026	0.029	0.144	0.087
F 消费支持度 ← B 经济评价新维度	0.245	−0.004	−0.229	−0.114
F 消费支持度 ← C 生态评价新维度	0.527**	0.615***	0.298	0.327
F 消费支持度 ← D 社会评价新维度	0.128	0.265***	0.615	0.444
X^2/df	2.103	3.857	2.123	2.089
GFI	0.758	0.921	0.784	0.584
RMSEA	0.113	0.064	0.099	0.179

通过对不同文化程度群组的结构方程建模结果分析（表 7-32），高中及以下文化程度中，消费者生态评价新维度调节效应较显著；专科及本科文化程度的消费者中，生态和社会评价新维度对消费和谐化多维评价的调节作用为强显著关系，生态维度的调节作用较大；硕士、博士文化程度的消费群体在消费评价优化后的四个新维度即个人、经济、生态、社会评价上都没有产生显著调节作用。究其根本，文化程度越高，不一定具有综合调节效应，或者说消费群体的评价差异越明显，也可能源于样本分组后数据特征不够显著。专科及本科文化程度消费群体在调研样本中占比较高，消费特征也比较集中，调节效应也相对具有代表性。

（七）不同职业变量的结构方程建模结果分析

消费者处于不同职业变量时，其消费和谐化的评价路径是否受调节作用出现差异，研究结果如表 7-33 所示。

表 7-33　不同职业群组的建模结果分析

职业分类	学生	政府工作人员	企业工作人员	事业单位人员	商业/服务
F 消费支持度 ← A 个人评价新维度	0.124	−0.340	0.098	0.215**	−0.141
F 消费支持度 ← B 经济评价新维度	−0.060	−0.213	0.141*	0.127	−1.291
F 消费支持度 ← C 生态评价新维度	0.557***	0.819**	0.287**	0.579***	2.161
F 消费支持度 ← D 社会评价新维度	0.265***	0.393**	0.397***	−0.008	−0.050
X^2/df	2.464	1.852	1.805	2.616	1.933
GFI	0.900	0.739	0.853	0.790	0.732
RMSEA	0.067	0.099	0.072	0.104	0.115

基于不同职业变量的分群组结构方程建模结果（见表 7-33），发现在学生和政府工作人员群体中，生态和社会评价新维度是发挥调节作用的两大维度，且生态维度的正向调节系数更大，而经济和个人评价新维度没有明显相关关系；在企业工作人员群体中，经济、生态和社会评价新维度都对消费和谐化支持存在正相关关系，其中社会评价新维度表现出非常显著的正相关调节效应；事业单位人员在生态评价新维度上有显著正相关调节作用；商业和服务业人员则在个人、资源、生态和社会评价新维度上都没有表现出显著调节关系。总体来看，优化后的生态评价新维度是不同职业群组共同发挥调节作用主维度。

（八）不同城市变量的结构方程建模结果分析

对来自不同城市的消费群体做分群组结构方程建模，并对比检验数据，具体结果如表 7-34 所示。

表 7-34　不同城市群组的建模结果分析

城市分类	一线城市	新一线城市	二线城市	三线城市	其他
F 消费支持度 ← A 个人评价新维度	0.070	0.094	0.192	−0.065	−0.171
F 消费支持度 ← B 经济评价新维度	0.314	−0.060	0.003	−0.001	0.044
F 消费支持度 ← C 生态评价新维度	0.961**	0.512***	−0.164	0.551***	0.958***
F 消费支持度 ← D 社会评价新维度	−0.556*	0.405***	0.874*	0.315***	0.000
X^2/df	2.147	3.179	1.627	1.676	2.161
GFI	0.774	0.908	0.744	0.854	0.813
RMSEA	0.107	0.068	0.098	0.066	0.089

如表 7-34 所示，不同城市群组的结构方程建模结果显示，消费评价的四个新维度个人、经济、生态和社会（分别对应变量 A、B、C、D）对消费和谐化总支持维度（F）的结构方程模型拟合度稍有出入，各个估计参数也比较合理，建模基本可行。

比较城市分群组的结构方程建模结果可知，一线城市和新一线城市以及三线城市的消费群体在生态评价新维度（C）和社会评价新维度（D）上存在显著调节效应；二线城市消费群体只在社会评价新维度（D）上存在弱显著调节效应；其他城市的消费群体，除生态评价新维度（C）外的三个评价新维度的调节效应都不显著。除二线城市外，各城市消费者对应生态评价新维度的调节作用均显著，一定程度上反映消费者在生态评价方面均有较大的调节作用。一线城市在社会评价新维度（D）上的调节效应为负，可能与消费者生活节奏快、共享生活协调成本高等因素有关。其他城市在生态评价新维度（C）上的显著调节作用与一线城市相当，但原因可能有所差异，一线城市是缘于政策优势及地缘特点，其他城市则可能更多由原生态的环境水平相对较高所致。

由以上分析结果可知，多群组结构方程建模结果不仅将优化后的评价维度对消费和谐化总体支持度的路径关系解析得更清晰明了，而且将不同人口变量对应消费和谐化评价支持的调节效应分析得更加深入明确。

第五节　多维评价指数建模求解

一、评价指数模型构建

根据 Spss 软件的主成分分析，得出 16 个小变量对应的 4 个评价维度变量，并在此基础上构建消费和谐化的多维评价体系。结合 Amos 软件的结构方程式建模研究，重新界定了 A 个人效用评价维度、B 经济效率评价维度、C 生态效应评价维度、D 社会效益评价维度的内含变量体系。其中 A 个人效用评价维度包括四个小变量 Q2A1（健康安全认知）、Q2A2（支持价格态度）、Q2A4（信任成本态度）、Q2A5（科学消费行动），相关系数分别为 0.449、0.550、0.568、0.697；B 经济效率评价维度包括三个小变量 Q2B3（物尽其用态度）、Q2B4（旧物重生态度）、Q2B5（循环消费行动），相关系数分别为 0.782、0.853、0.587；C 生态效应评价维度包括五个小变量，即变量 Q2C1（保护环境认知）、Q2C2（避免污染态度）、Q2C4（源头保护态度）、Q2C5（低碳消费行动）和变量 Q2B1（节约资源认知）相关系数分别为 0.687、0.710、0.640、0.659、0.693；D 社会效益评价维度包括四个小变量 Q2D1（合作共享认知）、Q2D2（互利共赢态度）、Q2D3（协同生活态度）、Q2D4（乐于分享态度），相关系数分别为 0.580、0.748、0.677 和 0.657。A 个人效用评价维度、B 经济效率评价维度、C 生态效应评价维度、D 社会效益评价维度与消费和谐化的影响系数分别为 0.596、0.633、1.035、0.690。

由此可以得出消费和谐化多维评价体系的衡量标准。消费和谐化评价指数的英文为 Consumer Harmonization Evaluation Index，在此取每个英文单词的首个字母，组成 CHEI，作为本书后续消费和谐化指数的一种缩写简称。

一种是广义评价体系，只考虑四个维度对消费和谐化程度的相关系数，构成消费和谐化评价的广义指数（General Consumer Harmonization Evaluation Index），缩写为 GCHEI=0.596＊A+0.633＊B+1.035＊C+0.690＊D。

另一种是狭义评价体系。同时考虑到四个评价维度分别对应的 16 个自变量，将消费和谐化的评价做到更精准细化，结合 16 个小变量与四个评价维度的相关系数，可以构建成消费和谐化评价的狭义指数（Special Consumer Harmonization Evaluation Index），缩写为 SCHEI。

此处的四维度评价也有自己的狭义指数构成，具体为：

消费和谐化的个人效用评价指数：

A=0.449＊Q2A1+0.550＊Q2A2+0.568＊Q2A4+0.697＊Q2A5

消费和谐化的经济效率评价指数：

B=0.782＊Q2B3+0.853＊Q2B4+0.587＊Q2B5

消费和谐化的生态效应评价指数：

C=0.687＊Q2C1+0.710＊Q2C2+0.568＊Q2C4+0.640＊Q2C5+0.659＊Q2B1

消费和谐化的社会效益评价指数：

D=0.580＊Q2D1+0.748＊Q2D2+0.677＊Q2D3+0.657＊Q2D4

同样将这四个评价维度的相关公式代入广义消费和谐化指数 GCHEI，则可以获得狭义消费和谐化指数计算公式：

SCHEI=0.596＊A+0.633＊B+1.035＊C+0.690＊D=0.596＊（0.449＊Q2A1+0.550＊Q2A2+0.568＊Q2A4+0.697＊Q2A5）+0.633＊（0.782＊Q2B3+0.853＊Q2B4+0.587＊Q2B5）+1.035＊（0.687＊Q2C1+0.710＊Q2C2+0.568＊Q2C4+0.640＊Q2C5+0.659＊Q2B1）+0.690＊（0.580＊Q2D1+0.748＊Q2D2+0.677＊Q2D3+0.657＊Q2D4）。

二、评价指数计算

（一）李克特五分量表转化为百分制

在进行评价指数预计算的过程中用了百分制计算方式，因为李克特量表的 1~5 的赋值区间比较狭窄，计算出的消费和谐化评价指数得分非常接近，不利于具体比较分析；同时，也因为人们习惯以百分制打分，六十分为分水岭，便于在推进消费和谐化的道路上划分更清晰明确的标准，便于分阶段、分梯度地促进消费和谐化进程。

表7-35 李克特五分量表转化为百分制量表

变量原分值	1	2	3	4	5
给分标准	完全不同意	比较不同意	不确定是否同意	比较同意	完全同意
百分值等级	0～20	20～40	40～60	60～80	80～100
百分制赋值	10	30	50	70	90

（二）计算过程及结果分析

运用 Excel 软件，将所有样本数据根据不同分类标准分层建立新的分类数据库。在此基础上计算出对应四个评价维度的四个小变量的指标均值，然后与相应的系数相乘，获得消费和谐化的总体指数和分类指数。

指标说明：此处包括之后的 A、B、C、D 四个评价维度，是由主成分分析法得出的 16 个小变量的新组合。

1. 总体的广义消费和谐化指数

表 7-36　总体广义消费和谐化指数

指标	A	B	C	D	指数
系数	0.596	0.633	1.035	0.690	—
指标均值	74.9476	73.29341	68.11976	68.55539	208.8707

GCHEI =0.596 ＊ A +0.633 ＊ B +1.035 ＊ C +0.690 ＊ D =0.596 ＊ 74.9476 +0.633 ＊ 73.29341+1.035＊68.11976+0.690＊68.55539=208.8707。

2. 分类的广义消费和谐化指数

其他分类指标的广义消费和谐化指数计算方法也是如此。

①不同性别的广义消费和谐化指数

表 7-37　不同性别的广义消费和谐化指数计算

指标	A	B	C	D	指数	性别	指数得分排名
系数	0.596	0.633	1.035	0.690	—	—	—
指标均值	73.896	70.42	65.837	65.72	202.1078	男	2
	75.847	74.996	69.667	70.119	213.164	女	1

如表 7-37 所示，不同性别的消费者的消费和谐化指数有明显区别。总体而言，女性的消费和谐化指数更高于男性，反映女性消费者在消费和谐化方面的各种支持度要更高、更深入。

②不同年龄的广义消费和谐化指数

表 7-38　不同年龄的广义消费和谐化指数计算

指标	A	B	C	D	指数	年分类	指数得分排名
系数	0.596	0.633	1.035	0.690	—	—	—
指标均值	69.71	65.643	58.461	68.076	190.57	1	5
	71.48	70.368	62.944	67.663	198.98	2	4
	75.17	73.089	68.406	69.532	209.84	3	3
	76.68	74.60	69.541	67.958	211.79	4	2
	82.823	77.634	77.032	70.08	226.58	5	1

年龄分类：1：20 岁以下　2：21—30 岁　3：31—40 岁　4：41—50 岁　5：51—60 岁

如表 7-38 所示，不同年龄的消费者对应的消费和谐化指数不仅有差异，而且有规律。体现为年龄段越小，广义消费和谐化指数取值越少。总体而言，是随着消费者年龄的增长，对于消费和谐化的支持程度也有所提升。这也反映出，可以进行代际的互相教育与影响，便于更快地提升年轻人的消费和谐化意识，促进和谐消费行动等。同时，要说明的是，61 岁以上的消费群体，暂时受限于样本数太少，暂未计算消费和谐化的广义指数得分。

③不同个人月收入的广义消费和谐化指数

表7-39 不同个人月收入的广义消费和谐化指数计算

指标	A	B	C	D	指数	个人月收入分类	指数得分排名
系数	0.596	0.633	1.035	0.690	—	—	—
指标均值	72.251	72.060	66.126	69.241	204.892	3000 元及以下	4
	76.395	74.943	69.129	68.435	211.740	3001~6000 元	3
	75.000	72.933	71.480	70.650	213.597	6001~9000 元	1
	76.062	70.333	64.950	64.313	201.453	9001~12000 元	5
	77.105	75.263	69.158	69.474	213.112	12001~15000 元	2

如表7-39所示，不同个人月收入的广义消费和谐化指数计算结果显示，数据段中居中的个人月收入即6001~9000元对应的消费群体得分最高，为214分；其次是个人月收入在12001~15000元区间的消费者，和谐化指数得分为213分；之后排名第3的是个人月收入为3001~6000元的消费者，指数得分也比较接近，为212分；相差较远的是个人月收入在3000元及以下的消费者，指数得分为205分，排名第4；最后一名为个人月收入在9001~12000元的消费者，指数得分为201分，与排名第一的消费者相差上10分，还有很大的追赶差距。在此略做说明的是，个人月收入在1.5万元以上的样本，目前受限于样本量不够充分，暂时没有纳入分层指数计算范畴。

④不同婚姻状况的广义消费和谐化指数

表7-40　不同婚姻状况消费者的广义消费和谐化指数计算

指标	A	B	C	D	指数	婚姻状况分类	指数得分排名
系数	0.596	0.633	1.035	0.690	—	—	—
指标均值	71.270	71.081	64.249	70.054	202.306	未婚	2
	76.356	74.141	69.602	67.981	211.385	已婚	1

如表7-40所示，不同婚姻状况消费者的广义消费和谐化指数结果显示，正如以往研究结论揭示，已婚的消费者以211分领先于未婚者的202分，差距还比较明显，也说明婚姻状况在一定前提下，可以改善家庭乃至社会的消费和谐化程度。

⑤不同家庭月收入的广义消费和谐化指数

表7-41　不同家庭月收入的广义消费和谐化指数计算

指标	A	B	C	D	指数	家庭月收入分类	指数得分排名
系数	0.596	0.633	1.035	0.690	—	—	—
指标均值	71.588	74.314	66.376	70.824	207.275	5000元及以下	3
	75.699	74.209	69.492	67.797	210.794	5001~10000元	2
	75.541	73.496	70.130	69.892	212.355	10001~20000元	1
	77.358	70.126	64.717	66.038	203.043	20001~30000元	4
	77.895	68.596	64.947	64.211	201.373	30001~40000元	5
	74.107	71.190	65.429	64.107	201.184	40001元及以上	6

如表 7-41 所示，数据处理结果显示，家庭月收入在 2 万应该是一个分水岭。家庭月收入在 2 万以下的，随着收入水平越高，消费和谐化指数的取值越高，依次为家庭月收入在 10001~20000 元的消费者消费和谐化指数得分为 212 分，家庭月收入在 5001~10000 元的消费者消费和谐化指数得分为 211 分，家庭月收入在 5000 元及以下的消费者的消费和谐化指数得分为 207 分；而家庭月收入在 20001~30000 元的消费者消费和谐化指数得分为 203 分，家庭月收入水平再增加，对应的指数得分基本为 201 分。也就是在家庭月收入超过 2 万以后，指数差距不大的同时，指数与家庭收入呈有不太明显的反向变化趋势。

⑥不同家庭人口的广义消费和谐化指数

表 7-42　不同家庭人口的广义消费和谐化指数计算

指标	A	B	C	D	指数	家庭人口规模	指数得分排名
系数	0.596	0.633	1.035	0.690	—	—	—
指标均值	75.455	75.859	71.455	75.303	218.900	1	1
	75.824	74.103	68.198	69.890	210.907	2	2
	75.801	72.876	68.196	66.830	208.003	3	4
	73.873	73.803	68.704	69.401	209.742	4	3
	72.813	72.222	65.792	69.219	204.968	5	5

如表 7-42 所示，家庭人口规模在某些研究中显著影响着家庭消费水平和结构，那么是否也会显著影响到消费和谐化指数？实证的结果显示，不同家庭人口规模对于消费和谐化指数的确有影响，但是影响不算很大。可以分为两大阵营，家庭人口只有 1 人的以 219 分获得消费和谐化指数排

名第一，这背后的原因究竟是和婚姻状况有关，还是和本次问卷的调研方式或者样本来源有关？如果已婚的比未婚的消费者本身的消费和谐化指数更高，那么这 1 人的消费者是否应该对应未婚呢？当然，家庭人口多，也不代表调研样本本身已婚，所以在此的消费和谐化指数排名可能不能完全反映现实情况。在不同家庭人口规模的消费和谐化指数排名榜上，家庭人口为 2 人、4 人、3 人、5 人的依次排名为第 2、3、4、5 名，对应的指数得分分别为 211 分、210 分、208 分和 205 分，分数差距很小。

⑦不同文化程度的广义消费和谐化指数

表 7-43　不同文化的广义消费和谐化指数计算

指标	A	B	C	D	指数	文化程度	指数得分排名
系数	0.596	0.633	1.035	0.690	—	—	—
指标均值	72.867	73.431	68.588	65.220	205.902	高中（含）及以下	4
	74.708	72.952	67.485	68.412	207.757	大专、本科	3
	76.500	74.000	69.163	70.909	212.947	硕士研究生	2
	76.957	76.667	73.478	68.695	217.846	博士研究生	1

如表 7-43 所示，不同文化程度的消费者的消费和谐化指数有着比较大的差距，其中文化程度越高，消费和谐化指数得分也越高，从博士研究生、硕士研究生、大专及本科和高中（含）及以下四个文化程度分类来看，依次对应的指数得分为 218 分、213 分、208 分和 206 分，也就是说文化程度对消费和谐化指数也起到了正相关的影响作用。

⑧不同职业的广义消费和谐化指数

表7-44 不同职业的广义消费和谐化指数计算

指标	A	B	C	D	指数	职业分类	指数得分排名
系数	0.596	0.633	1.035	0.690	—	—	—
指标均值	65.000	76.667	62.000	75.000	203.190	学生	5
	77.054	73.927	68.790	69.767	220.610	政府工作人员	1
	75.075	73.182	65.576	66.136	204.570	企业从业人员	4
	75.671	72.908	70.187	68.859	211.420	事业单位人员	3
	72.903	70.430	65.290	64.758	200.290	商业/服务业从业人员	6
	76.261	76.667	72.991	71.262	218.698	其他（自由职业者、全职家庭人员、离退休人员）	2

如表7-44所示，以上研究结论表明，对应不同职业的消费者的广义消费和谐化指数，也有明显差异。其中，政府工作人员消费者的指数最高，为221分；其他（自由职业者、全职家庭、离退休人员）消费者指数排名次之，为219分；事业单位的消费者得分第三，为211分；排名第四的是企业从业人员的消费群体，指数得分205分；学生消费群体的指数得分203分，排名第五位；商业/服务业从业人员的消费和谐化指数得分最低，为200分。这背后的原因值得进一步进行大数据挖掘研究。同时要说明的是，职业分层变量中的工人、农民与农民工身份的消费者，因为样本数较少，此次没有专门计算消费和谐化广义指数。

⑨不同城市的广义消费和谐化指数

表 7-45 不同城市的广义消费和谐化指数计算

指标	A	B	C	D	指数取值	城市分类	指数得分排名
系数	0.596	0.633	1.035	0.690	—	—	—
指标均值	73.313	74.081	68.217	70.362	209.742	（一线城市）	3
	74.979	75.667	70.817	70.042	214.21	（新一线城市）	1
	75.983	73.060	70.197	69.344	212.03	（二线城市）	2
	76.336	69.186	64.351	64.198	200.19	（三线城市）	6
	76.224	70.417	66.208	65.833	203.95	（二线城市+三线城市）	5
	74.183	72.614	66.235	68.660	206.10	（其他城市）	4

如表 7-45 所示，与人们通常理解的相似，在消费和谐化指数的城市排名榜上，并不是一线城市拔得头筹，而是新一线城市以 214 分排名第一；二线城市以 212 分排名第二；随后的才是一线城市，以 210 分排名第三；其他城市为 206 分排名第四。考虑到样本数额有限，可以将二线城市和三线城市合并来计算平均得分，结果发现排名最后的是三线城市，得分为 200 分。

第六节　基于指数的消费和谐化评价

一、总体评价

就消费和谐化的广义指数来看，总体取值为 209 分，就这个数据本身来看，因为没有历史数据的积累与比较，只能说明这是当前消费和谐化的现实评分。如果未来指数值增加，则可以理解为消费和谐化的程度提高，也就是在消费和谐化的支持度各方面有所改善。如果指数取值下降，就可以认为消费和谐化的进程遇到更多现实障碍和困难，需要一一找出问题，理性对待。

总体指数不仅给予当前消费状况一个明确的得分，而且显示了结构性差异。也就是说，它的计算来源在于主成分的筛选和权重，其内涵和结构都会跟随消费状况的变化而发生变化。当前消费评价的第一主成分是生态效应维度，权重为 1.035；第二主成分为社会效益维度，权重为 0.690；第三主成分为经济效率维度，权重是 0.633；个人效用排名最后，权重最低，为 0.596。一方面可以说明当前消费者对于消费的生态和社会相关问题的了解加深，主动积极的态度有所提高，行动意识和实践也有所推进。

二、分类评价

按三大类对应社会认可统计变量对消费者进行不同属性的分类，以此来比较广义消费和谐化指数水平。

从个人变量角度看，不同性别消费群体，女性得分213分，高出男性202的指数得分11分，可见差距之大，说明男性在了解和参与乃至推动消费和谐化的进程方面还需要更多努力。不同年龄的消费群体，得分由高到低依次为227、212、210、199、191分，组内绝对分差有36分，整体呈年龄越大，消费和谐化的广义指数得分越高的趋势，也为未来开展不同年龄消费者的教育与引导提供了一定的参考依据。不同年龄层次的消费者可以有针对性地查漏补缺，以不同深度和广度的消费理论和实例来加以引导并提升。年龄大的消费者也可以进一步发挥示范和带领作用，为年轻一代归纳总结更多实用又便利的和谐消费经验。不同个人月收入水平的消费群体，得分由高到低依次为214、213、212、205、201分，组内绝对分差有13分，整体变化趋势呈：收入越高，支持度越高，指数越高。其中个人月收入在9000~12000元的消费群体，得分最低，值得探讨内在原因。

从家庭变量角度看，不同婚姻状况的消费群体，已婚者得分211分，高出未婚者得分的202近10分，显现明显差异，说明婚姻状况在改善消费和谐化支持度方面能发挥一定的调整学习作用。不同家庭月收入水平的消费群体，得分由高到低依次为212、211、207、203、201、201分，组内绝对分差有11分。整体变化趋势呈正态分布变化，家庭月收入1万~2万元的消费者似乎达到消费和谐化的高峰状况。当收入由5000元以下一路攀升到 1 万元的家庭月收入时，对应的广义指数为上升趋势，也就是受家庭月收入变量的同向影响；但是超过 2 万元再增加的家庭月收入，所对应的指数得分又开始下滑，成反向变化关系。当家庭月收入超过 3 万时，两个收入段的指数得分差距甚小，3 万~4 万的消费者得分为 201.37；而 4 万以上的消费群体得分为 201.18，微乎其微，却也有显著经济评价的意义。这个家庭月收入 1 万~2 万元的拐点和月收入 3 万~4 万的趋稳定点，是否都值得进一步分析研究；不同家庭人口规模的消费群体，得分由高到低依次为 219、211、210、208、205 分，组内绝对分差有 14 分。整体家庭规模越大，指数得分越低的趋势，只有家庭规模为 4 人时以 210 分稍微高于家庭规模 3 人时的 208 分，也是值得推敲的现象。

从其他变量角度看，不同文化水平的消费群体，从高中及以下文化程度、大专及本科、硕士研究生、博士研究生样本数据计算出的广义指数来看，得分依次为 206、208、213、218 分，组间差距为 12 分，显现明显的文化程度越高，消费和谐化程度越高的评价结果，这说明教育的确在改善消费和谐化支持度方面能发挥一定的正向积极作用。不同职业的消费群体，得分由高到低依次为 221、219、211、205、203、200 分，组内绝对分差有 21 分，依次对应的职业是政府工作人员、其他职业人员、事业单位人员、企业从业人员、学生及商业或服务业工作者，有必要从内在结构变化趋势和具体的变量取值上获得进一步促进消费和谐化的信息。不同城市的消费群体，得分由高到低依次为 214、212、210、206、204、200 分，组内绝对分差有 14 分。依次对应的是，新一线城市、二线城市、一线城市、其他城市及二三线合并城市群、三线城市的消费者。整体来分析，应该有新一线城市和二线城市的消费和谐化崛起之势，一线城市和其他城市基本处于消费和谐化指数的中间位置，三线城市提升消费和谐化的空间还有很大。

本章从主成分分析法入手，将 20 个对应 4 个评价维度的变量按相关系数剔除出 4 个相关系数最小的变量，再根据四个主成分实证的结果重新归类到四个维度。其中主成分 1 对应评价维度 3，即生态评价维度；主成分 2 对应评价维度 4，即社会评价维度；主成分 3 对应评价维度 2，即经济评价维度；主成分 4 对应评价维度 1，即个人评价维度。

在此基础上，建构结构方程式模型，获得各主成分的相关系数，包括内在各自变量的影响权重。进而，以四个主成分的相关系数和对应的自变量的数据平均值相乘加权获得广义指数，以各小自变量的平均值和对应权重加总获得的数值再分别乘以所在维度的系数，计算出狭义指数取值。

在分别按不同属性分类比较消费者的指数排名与差距的基础上，对于消费和谐化的现状与问题乃至突破口或者解决思路都做出简单判断和评价，进而为消费和谐化总体或者分类指数的运用提供基本依据。

8

结论与展望

第一节 主要结论

和谐消费主要指满足消费主体的全面发展、经济客体的健康运行和生态环境的可持续发展及社会福利更优化的消费模式。消费和谐化是指一种使消费和与其相关的各种要素相互协调，且功能处于最优化状态的消费状态。

本书以构建消费和谐化评价指数为线索，在设定四个评价自变量维度和三个支持因变量维度的基础上，结合每个评价维度下设的五个小自变量，进而得到一个多维评价基本体系。文中分别用健康安全认知、支持价格态度、内在需求态度、信任成本态度、科学消费行动界定消费的个人效用评价内涵；用节约资源认知、简易包装态度、物尽其用态度、旧物重生态度、循环消费行动显著界定消费的经济效率评价内涵；用保护环境认知、避免污染态度、环境成本态度、源头保护态度、低碳消费行动界定消费的生态效应评价内涵；用合作共享认知、互利共赢态度、协同生活态度、乐于分享态度、协同消费行动界定消费的社会效益评价内涵；用认知支持度、态度支持度、行动支持度界定消费和谐化支持度内涵，再以这种错综复杂又架构明晰的多维评价体系来评价消费和谐化状况。

在自媒体调研问卷数据的处理分析中，主要结果如下。

一、对消费评价的四个维度分别对应三个消费和谐化支持度进行单维度主效应分析、双维度交互效应分析、三维度交互作用分析、多维度全效应分析，得到共同的实证结论如下。

（一）单维度分析中，经济、生态、社会维度评价自变量都与消费和谐化的认知、态度、行动支持度有显著正相关关系。

（二）双维度交互效应分析中，经济评价维度和生态评价维度的交互作用与消费和谐化的认知、态度、行动支持度都有正显著相关性；个人与社会消费评价维度的交互作用对态度支持度和行动支持度均有正向显著相关性。

（三）三维度交互作用分析中，社会效益评价维度对认知支持度有正向显著影响；个人、经济与生态消费评价维度的交互作用对认知、态度支持度都有正向显著相关性，对行动支持度呈弱显著正向相关性；个人、生态与社会三个评价维度的交互作用与行动支持度有正向显著相关性。

（四）全效应分析中，经济与生态消费评价维度的交互作用与态度认知度和行动认知度有正向显著相关性；个人、经济与生态三维度的交互作用与行动支持度呈显著正向相关，与态度支持度有弱显著正向相关性；个人维度、个人与社会维度的交互作用都与态度支持度成正显著相关；经济与社会维度的交互作用与态度支持度成弱显著正相关；个人、生态与社会维度的交互作用对行动支持度有正向显著影响。

二、从个人属性、家庭属性和其他属性对调研问卷设计的九个背景资料数据进行了社会统计人口变量分类，做了细分的消费和谐化多维评价体系的相关调节效应分析。回归结果证实：最典型的共性是，影响维度中最多正向显著相关于认知支持度、态度支持度和行动支持度的，主要是生态评价维度。通常情况下，它不仅与各支持度有显著相关性，且相关系数均大于其他维度的相关系数。其次就是社会效益评价维度。个人和经济评价维度，则有各种变化组合，或者以正向影响作用于支持度，或者也是反向相关于某支持度。其中以个人效用评价与认知支持度反向变化为主。

三、从主成分分析法入手，根据四个主成分实证的结果重新归类到四个维度，其中主成分1、2、3、4分别对应评价维度3—生态、4—社会、2—经济、1—个人。在此基础上，建构结构方程式模型，获得各主成分的相关系数，包括内在各自变量的影响权重。进而，以四个主成分的相关系数和对应的自变量的数据平均值相乘加权获得广义指数，以各小自变量的平均值和对应权重加总获得的数值再分别乘以所在维度的系数，计算出狭义指数取值。在分别按不同属性分类比较消费者的指数排名与差距的基础上，对于消费和谐化的现状与问题乃至突破口或者解决思路都做出简单判断和评价，进而为消费和谐化总体或者分类指数的运用提供基本依据。

四、按三大类对应社会认可统计变量对消费者进行不同属性的分类比较广义消费和谐化指数水平。

（一）从个人变量角度看，女性得分高出男性11分；消费者年龄越大，消费和谐化的广义指数得分越高；个人月收入水平越高，支持度越高，指数越高，其中9000~12000元的消费群体得分最低。

（二）从家庭变量角度看，已婚者得分高出未婚者近10分。家庭月收入水平整体变化趋势呈正态分布变化，家庭月收入1万~2万元的消费者得分最高。当收入由5000元以下一路攀升到1万元，广义指数上升；超过2万元对应的指数成反向变化关系。当家庭月收入超过3万时，两个收入段的指数得分差距甚小。家庭月收入1万~2万元为拐点、3万~4万为趋稳定点。家庭规模越大，一般指数得分越低；只有家庭规模为4人时得分稍微高出 3 人。

（三）从其他变量角度看，文化程度越高，消费和谐化程度越高。从职业属性来看，得分由高到低依次对应的职业是政府工作人员、其他职业人员、事业单位人员、企业从业人员、学生及商业或服务业工作者。从城市属性看，得分由高到低依次对应的是，新一线城市、二线城市、一线城市、其他城市及二三线合并城市群、三线城市的消费者。整体来分析，应该有新一线城市和二线城市的消费和谐化崛起之势，一线城市和其他城市基本处于消费和谐化指数的中间位置，三线城市提升消费和谐化的空间还有很大。

第二节　研究展望

本书对构建消费和谐化的多维评价指数体系进行了相对全面系统的研究，并且验证了部分研究假设，且做了适当的解释工作。但在研究过程中，越深入系统地挖掘消费和谐化的内涵外延，就越能感受到当前研究中可能存在的一些局限性，这也为未来的研究工作提供了进一步探讨、改善的解决方向和方式。

（一）消费和谐化是消费的理想状态和长远目标，其发展历程要经历不同阶段，也可能具备不同特点。根据当前消费前沿理论总结归纳的消费评价四维度，概括了众多消费和谐化的调节因素，现阶段该研究结论和运用尚属全面有效。但随着时间的推移，消费进程的加快，尤其是碳达峰、碳中和的双碳战略的提出和推进实施，未来社会可能出现更多消费和谐化的新特点和新要求，需要长期跟踪调研，充实更新第一手数据资料，以求完善消费和谐化的多维评价指数体系并尽早进行实践应用研究。

（二）受限于研究时间与学识精力等因素，本书所使用的调研数据仅利用了 722 个有效样本，其中人口变量分类展开的调节效应研究和部分分群组结构方程建模的分段样本组在更多样本数量基础上，还可以得出更多细化实证结果。随着调研问卷的数据收集工作的持续更新，已经获取上千个样本数据，可以在未来研究中进一步得以运用。

（三）消费已经成为中国经济发展的内驱动力。"绿水青山就是金山银山""人与自然和谐共生"，从习近平总书记多次提出的话语中也可见消费和谐化在美丽中国建设进程的不断推进。同时，高质量绿色经济的发展，也为追求美好生活的中国人民提供了可持续的共同富裕之路。消费和谐化的过程中有着非常多的典型中国故事、美好中国案例，这也是笔者对于本书研究成果运用的更多期待与未来努力方向。

参考文献

[1] 本书编写组.中共中央关于制定国民经济和社会发展第十一个五年规划的建议辅导读本[M].北京：人民出版社，2005.

[2] 国家环境保护局译.21世纪议程[M].北京：中国环境科学出版社，1993.

[3] 董建博，张敏.居民消费水平、公共服务对产业结构升级的影响[J].统计与决策，2021，37（16）：106-109.

[4] 范叶超，赫特·斯巴哈伦.实践与流动：可持续消费研究的社会理论转向[J].学习与探索，2017（08）：34-39.

[5] 方娴，金刚.社会学习与消费升级：来自中国电影市场的经验证据[J].中国工业经济，2020（01）：43-61.

[6] 胡锦涛.高举中国特色社会主义伟大旗帜 为夺取全面建设小康社会新胜利而奋斗——在中国共产党第十七次全国代表大会上的报告[J].实践（党的教育版），2007（21）：4-18.

[7] 胡歆韵，杨继瑞，郭鹏飞.夜间经济对居民消费及其结构升级的影响研究[J].当代经济科学，2022（03）：28-40.

[8] 黄赜琳，秦淑悦.市场一体化对消费升级的影响：基于"量"与"质"的双重考察[J].中国人口科学，2021（05）：18-31.

[9] 靳丽静，赵海月.建立多方联动机制推进低碳消费[J].人民论坛，2018 (20)：78-79.

[10] 李坚飞，任理，瞿艳平.不同环境特征地域生态消费意愿的空间差距效应——基于地域—意愿分层 Logistic 回归模型检验 [J].消费经济，2019，35 (01)：84-95.

[11] 李金莲.基于因子分析法构建我国消费升级指标综合评价体系 [J].全国流通经济，2020 (21)：22-24.

[12] 李晶.中国能源消费与经济高质量发展的关系及影响研究 [J].现代经济探讨，2022 (04)：11-20，132.

[13] 廖红伟，张莉.新消费促进产业结构转型升级 [J].人民论坛，2019，(26)：86-87.

[14] 林伯强.碳中和背景下的广义节能——基于产业结构调整、低碳消费和循环经济的节能新内涵 [J].厦门大学学报（哲学社会科学版），2022，72 (02)：10-20.

[15] 林晓珊.集体消费与协同消费：城市产品服务系统中的政府与市场[J].广东社会科学，2018 (02)：202-214.

[16] 刘传哲，任懿.绿色信贷对能源消费结构低碳化的影响研究 [J].武汉金融，2019 (11)：66-70.

[17] 刘强，李泽锦.消费升级、产业结构与就业结构[J].数理统计与管理，2021，40 (06)：951-964.

[18] 龙少波，丁露，余康.中国式技术变迁下的产业与消费"双升级"互动机制研究[J].宏观经济研究，2020 (10)：71-84.

[19] 毛中根，谢迟，叶胥.新时代中国新消费：理论内涵、发展特点与政策取向[J].经济学家，2020 (09)：64-74.

[20] 毛中根，谢迟.习近平关于消费经济的重要论述：现实依据、理论基础与主要内容[J].消费经济，2019 (03)：3-11.

[21] 孟小燕，熊小平，王毅.构建面向"双碳"目标的循环经济体系：机

遇、挑战与对策[J]. 环境保护, 2022, 50 (01): 51-54.

[22] 穆明辉.双循环视角下进出口贸易发展对居民消费结构的影响——兼论产业结构的中介效应[J]. 商业经济研究, 2022 (13): 149-153.

[23] 戚聿东, 褚席.数字经济发展促进产业结构升级机理的实证研究[J]. 学习与探索, 2022 (04): 111-120.

[24] 沈悦, 赵强, 朱雅玲.动态视角下技能溢价对居民消费影响的非线性特征研究[J]. 当代经济科学, 2022 (01): 92-103.

[25] 石洪景.基于"意愿—行为"缺口修复视角的低碳消费促进策略[J]. 资源开发与市场, 2018, 34 (09): 1304-1309.

[26] 苏虹多.新型城镇化的宏观经济政策研究 [J]. 农业经济, 2022 (07): 38-39.

[27] 孙杰.世界经济的结构性变化与宏观经济政策的限度: 潜在增长率下降的原因和影响[J]. 南京社会科学, 2022 (06): 1-11.

[28] 谭娟.零售电商平台责任履行对消费者依赖行为的影响 [J].商业经济研究, 2022 (14): 102-105.

[29] 王建明, 武落冰, 何正霞.慢时尚博主特性对服装可持续消费行为的影响机制: 网红经济时代"近朱者赤"的"认同—责任"模型[J].中国地质大学学报 (社会科学版), 2021, 21 (04): 90-104.

[30] 王千, 范文芳.协同消费对用户可持续消费行为的影响[J]. 企业经济, 2020, 39 (7): 37-45.

[31] 王文治, 杨爽, 王怡.全球贸易隐含碳的责任共担及其跨区域补偿[J]. 环境经济研究, 2019, 4 (03): 30-47.

[32] 王宇翔, 唐莉莉.商贸流通业与居民消费协同发展效应研究——基于城镇化中介效应视角[J]. 商业经济研究, 2020 (19): 32-35.

[33] 隗建华.城乡老年人群健康养老消费需求与养老服务供给耦合度评价[J]. 商业经济研究, 2022 (10): 63-66.

[34] 吴锐屏, 邓群钊, 肖丽群, 林永钦.消费结构升级与经济高质量发

展——企业家创新精神与社会责任双调节效应分析 [J].南昌大学学报（自然科学版），2022，46（01）：49-59.

[35] 徐晓飞.大学生低碳消费状况的调查研究 [J].现代管理科学，2018（6）：33-35.

[36] 徐卓顺，赵奚，夏海利."双循环"新发展格局下消费升级对产业结构的影响[J].社会科学战线，2022（03）：250-254.

[37] 叶梦翔.居民消费价格指数的影响因素及评价 [J].中国商论，2020（23）：15-16.

[38] 叶胥，杨荷，毛中根.消费者权益保护、企业社会责任与居民消费[J].经济管理，2021，43（12）：150-169.

[39] 易开刚，黄慧丹.平台经济视阈下社会责任消费行为意向驱动因素研究[J].商业经济与管理，2020（11）：50-62.

[40] 余永定.稳定经济增长需要更为宽松的宏观经济政策 [J].新金融，2022（03）：4-9.

[41] 张静静，刘璐，李剑玲.生态消费视角下的新能源汽车商业模式创新研究[J].生态经济，2020，36（03）：72-77.

[42] 张丽平，任师攀.促进消费金融健康发展 助力释放消费潜力 [J].管理世界，2022，38（05）：107-114.

[43] 张淑萍.长三角城市群国际消费中心城市竞争力评价 [J].商业经济研究，2022（10）：44-49.

[44] 张小雁.流通业数字化转型与绿色流通协调发展探讨 [J].商业经济研究，2022（08）：13-16.

[45] 朱冬元.居民消费结构变迁对产业服务化转型的动态影响 [J].商业经济研究，2022（09）：34-37.

[46] 朱玲玲.新型城镇化驱动居民消费需求效应评价研究——以安徽省为例[J].商场现代化，2020（12）：11-13.

[47] 祝仲坤.互联网技能会带来农村居民的消费升级吗？[J].统计研究，

2020（09）：68–81.

[48] 庄贵阳.碳中和目标引领下的消费责任与政策建议[J].人民论坛·学术前沿，2021（14）：62–68.

[49] 冯颖，汪梦园，张炎治，冯春花.制造商承担社会责任的绿色供应链政府补贴机制[J/OL].管理工程学报，2022-10-23：1–12.

[50] 杨德艳，余云龙，冯章伟.消费者质疑行为下环境责任型制造商生态标签选择策略[J/OL].中国管理科学，2022-10-23：1–14.

[51] Brundtland H.Our Common Future[M]. Oxford：Oxford University Press, 1987.

[52] James Banks and Richard Blundell and Arthur Lewbel. Quadratic Engel Curves and Consumer Demand [J]. *The Review of Economics and Statistics*, 1997, 79（04）：527–539.

[53] Angus Deaton and John Muellbauer. An Almost Ideal Demand System[J]. *The American Economic Review*, 1980, 70（03）：312–326.

[54] Ahmed Malumfashi Halliru et al. Re-examining the environmental kuznets curve hypothesis in the economic community of West African states: A panel quantile regression approach[J]. *Journal of Cleaner Production*, 2020, 276.

[55] Yu Jian and Shi Xunpeng and Cheong Tsun Se. Distribution dynamics of China's household consumption upgrading [J]. *Structural Change and Economic Dynamics*, 2021, 58：193–203.

[56] Zhang D, Ma X, Zhang J, et al.Can consumption drive industrial upgrades? Evidence from Chinese household and firm matching data [J]. *Emerging Markets Finance and Trade*, 2020, 56（02）：409–426.

[57] Prior International Meetings on Sustainable Production and Consumption. Elements for an international work programme on sustainable production and consumption [R]. The Soria Moria Symposium：Sustainable Consumption and Production, 1994.